엄마도
아이도
아빠도 맛있는

앙팡
다이닝

엄마도
아이도
아빠도 맛있는

앙팡
다이닝

1판 1쇄 ◦ 2023년 11월 20일(3000부)

지은이 ◦ 강빛나 ⓘ bitnakang_

기획 및 편집 ◦ 장은실 ⓘ ageha47

사진 ◦ 김정인 OHHAROOM ⓘ taste.of.light

디자인 ◦ 김은정 Relish ⓘ relish_life

동화 일러스트 ◦ 안예나 ⓘ wheres_yona

교열 ◦ 정연주 ⓘ misty_life

푸드 스타일링 ◦ 유진아 ⓘ _u.ja_

인쇄 ◦ 아레스트 ⓘ arest_book

펴낸이 ◦ 장은실(편집장)

펴낸곳 ◦ 맛있는 책방 ⓘ tastycookbook
　　　　⌂ 서울시 마포구 마포대로 12 1715호
　　　　✉ esjang@tastycb.kr

ISBN ◦ 979-11-91671-11-7 13590

2023ⓒ맛있는책방 Printed in Korea

Enfant Dining

엄마도
아이도
아빠도 맛있는

앙팡
다이닝

저자 강빛나

맛있는
책방

(프롤로그)

부엌은 제게 위안의 공간입니다. 부엌에 설 때면 언제나 그리운 사람들과 두고 온 풍경들을 만나곤 했습니다. 잠이 쉬이 오지 않는 새벽녘에도 언뜻 먹고 싶은 음식이 떠오르면 부엌에 가 밑 작업을 해두고 잠들곤 했습니다. 그러면 어제의 내가 오늘의 나를 위해 살뜰히 보살펴 둔 덕분에 오늘의 나는 자리에서 일어설 힘을 얻을 수 있었습니다. 재료가 주는 선명한 색상과 촉감을 대하고 있다 보면, 이 하나의 생명을 위해 누군가 밤낮으로 애썼을 노고와 자연이 허락한 시간이 느껴집니다. 그러니 귀하지 않은 것이 없습니다. 그런 마음을 주억거리다 보면 내 손에 든 것이 오직 허기를 채우기 위한 것뿐만은 아니라는 생각에 이르게 됩니다.

매일 음식을 만든다는 것은 어찌 보면 단순하고 반복적이며 번거로운 작업입니다. 그러나 공들여 보낸 시간만큼 어떤 고유한 감각들이 점차 손에 익게 됩니다. 그 과정에서 명징한 깨달음 같은 것들을 종종 만나게 됩니다. 그 지점이, 저는 말할 수 없이 좋습니다. 죽순을 반으로 가를 때 들려오는 소리에서 다음 해의 봄을 기다립니다. 이보다 더 생생할 수 없을 것 같은 푸른빛으로 가득 찬 열무를 다듬다 보면, 눈앞에 담긴 초록에 한여름의 열기가 절로 식혀집니다. 땅의 기운을 한껏 머금은 버섯이 나오기 시작하는 가을이 되면 코끝이 먼저 그 향을 떠올립니다. 옷깃을 여며야 하는 계절에도 반짝 챙겨 먹어야 하는 음식들로 가득하니 이 역시 게을러질 수만은 없습니다.

부엌에서 서툴렀던 시간들 속에서도 매번 새로운 시도를 해보고 싶도록 도와주었던 건 남편이었습니다. 누군가를 먹인다는 일이, 누군가의 마음을 살핀다는 것이 곧 나의 마음을 돌보는 시작이라는 것을 부엌에서 배웠습니다. 함께 한 시간이 길어질수록 우리에게도 '무언의 코드'가 늘어났습니다. 위로가 필요한 남편에게 능이 백숙만 한 것이 없다는 것을, 미안하다는 말 대신 건네는 갈치조림. 여름이 오면 마주 앉아 콩 껍질을 벗겨 콩국수를 만들고 가을이 오면 함께 송이주를 담갔습니다. 함께 음식을 만들어 먹는 일은 매일을 즐거운 축제로 만들어 주었습니다. 마주 앉은 식탁에서 우리는 다른 누구도 아닌 그저 자기 자신일 수 있었습니다. 그렇게 우리만의 이야기가 켜켜이 쌓인 풍경 속에 새 가족을 초대하기로 마음먹었습니다. 우리에게 유일무이한 손님은 그렇게 찾아와 주었습니다.

각각의 음식에는 우리의 다른 생김새만큼이나 고유한 이야기가 담겨 있습니다. 그것은 개인의 역사이자 나아가 하나의 문화를 이룹니다. 누군가의 음식을 먹고 만든 사람이 궁금해지거나, 여행지에서 먹은 음식에서 자연스레 그 나라의 기후나 문화에 호기심을 갖게 되는 것도 그런 이유에서일 겁니다. 나와는 다른 타인의 생각과 문화를 받아들이는 시작점이기도 한 매일의 식사, 매일의 연습을 아이와 함께 할 수 있다는 것은 꽤나 근사하고 다정한 일입니다.

그러나 아이를 잘 먹이는 일, 밥상머리에서의 교육은 이상보다 매정한 현실에 부딪히는 경우가 많았습니다. 아이는 정성 들여 차린 음식을 마다하거나 안 보는 사이 던져버리기도 했습니다. 하지만 아이의 첫 단추가 꿰어지는 일이라고 생각하면 허투루 할 수만은 없었습니다. 그렇다고 너무 무거워질 필요는 없습니다. 어느 힘겨운 날, 몸이 건네는 말에 귀 기울여 스스로가 보내는 신호를 잘 알아채는 사람이 될 수 있다면, 우리가 함께 쌓은 무언의 코드가 언젠가 아이 스스로를 일으켜 세울 수 있는 메시지가 되어준다면 더없이 기쁠 테니까요.

사실 이토록 다양한 유아식을 시도해 볼 수 있었던 것은 아이가 유독 까다로운 입맛의 소유자였기 때문입니다. 이토록 뾰족한 입맛이 저를 닮아 그런 것 같다고 웃어넘기는 날도 더러 있었지만, 분명 한숨이 길어지는 시기도 있었습니다. 그러다 문득 온 가족이 함께 즐길 수 있는 음식을 만들어보면 어떨까 싶었습니다. 아이의 유아식이 어른의 식사가 되고 때로는 안주가 되기도 했습니다. 그 과정에서 우리는 전보다 더 자주 웃고 더 자주 함께일 수 있었습니다. 아직 대화가 서투른 이 시기에 우리는 음식을 통해 확실한 의사소통을 나누고 있다는 생각이 들었습니다. 때때로 식탁에서 아이의 반짝이는 성향을 발견하게 된 날에는 아이를 더 깊이 이해할 수 있게 된 것 같아 고마웠습니다.

어느 날에서부턴가 아이와 함께 길을 걷고 있는 사람들의 표정을 살피는 일이 습관이 되었습니다. 이제는 그들의 안부가 제게도 중요해졌기 때문입니다. 그럴 때면 서로를 지나치는 짧은 찰나에 눈을 맞추고 무언의 인사를 건넵니다. 거기에 마음속 응원도 잊지 않고 덧붙입니다. 아이를 낳아 키우는 일은 지극히 개인적이었던 제 삶을 공동체로서의 삶으로 발을 디디게 해주었습니다. 내 안으로 파고들었던 시간들 속에서 잠시 눈을 돌려 우리 모두가 하나의 개인으로서 소중하게 지켜져야 한다는 믿음을 갖게 해주었습니다. 가능하다면 이 책이 여러분에게 짧은 안부 인사 같은 것이었으면 좋겠습니다. 저는 잘 지내고 있다고 시작하는 반가운 편지처럼, 이제는 서로의 평안이 더없이 중요해진 누군가의 엄마이자 아빠가 되었으니 말입니다. 저 또한 잘 지내고 있다는 소식이 들려온다면 그보다 더 값진 인사는 없을 겁니다.

2023년 가을
강빛나

아빠의 추천사

음식은 누구나 이해할 수 있는 언어이다. 상대를 생각하며 만드는 음식 안에는 자연스레 만드는 사람의 마음이 담긴다. 이 마음에는 따로 번역이 필요 없다. 아내는 그 사실을 누구보다 잘 아는 사람이다. 우리가 먹고 자랐던 음식, 우리가 지금 살고 있는 도시의 맛과 향, 그리고 조금씩 달라지는 계절을 음식 속에 담아 아이에게 건넨다. 아이와 함께 하는 식사가 언제나 평화로울 수는 없다. 하루에 몇 번씩 치러야 하는 전쟁이면서 동시에 매일매일 열리는 파티이기도 하다. 이 책 속에 담긴 음식들 덕분에 우리는 아직 말이 서툰 2세 아기와 많은 대화를 나눌 수 있었다.

이 책 속의 음식을 직접 먹어본 당사자로서 할 수 있는 가장 확실한 추천은 '맛있다'는 말이겠지만 사실 그보다 더 보편적인 감동이 있었다. 세심하게 선택된 재료들과 섬세한 간으로 조리된 이 음식들을 먹고 있으면 언제나 내가 사랑하는 모든 존재들이 떠오른다. 그 대상이 당장 지금 내 눈앞에 있는 아이일 수도, 돌아가신 외할머니일 수도, 담백하게 만든 음식을 나누고픈 반려동물일 수도 있다. 그런 의미에서 <앙팡 다이닝>은 사랑을 전하는 일에 대한 책이며 공통의 경험을 나누며 가족이 되어가는 일에 대한 책이다.

2023년 가을
신현호

요리의
제목이에요.

언제 어디서나 간편하게
오버나이트 오트밀

우리가 만든 오트밀은 미국과 유럽에서 흔히 먹는 식제도입니다. 어린 시절 입맛이 둔화에 자주 나오는 오트밀이 어떤 방법과 상상력을 펴기 있어요. 처음 요리했을 먹어봤을 때. 다소 거친 식감과 맛없한 향이 상투했던 기억이 나요. 하지만 오트밀은 실증음과 영양분이 풍부해서 영유아가 아이들에게 매우 훌륭한 식제도 할 하나예요.

처음에는 우제등을 잘 먹지 않은 아이 때문에 우제등을 넣일 방법을 고심하다 오버나이트 오트밀을 만들기 시작했어요. 아이는 우유와 요 기본도 하루 자연 고개른 편해졌던 흔들었던지 하난 양 오트밀에 넣어 두면 참 맛있어요. 오트밀도 저지 식감이 사나 부동을 들여 것 이제 부드러워진 바나 재질 과일 오릴 익혀에 이해는 오버나이트 오트밀 메닐을 곳 하나라 되었습니다. 이렇게 산뜻한 당결 길고데임을 케이크까지 그만이죠.

오트밀의 종류에는 크게 스틸 것 오트밀(Steel-Cut Oatmeal), 롤드 오트밀(Rolled Oatmeal)이 있어요. 아이 이유식에 주로 사용하는 스틸 컷 오트밀 롤드 오트밀 오트밀(Old Fashioned Oatmeal)이어도, 물렀다구요. 롤드 조리를 빠져 평평하게 누른 것 재료지 않은 형태를 입혀요. 스틸 것 식감을 가지고 있고 조리시간을 단축할 수 있죠. 어떤이나 케이 좋아요.

059

요리를 만드는 강빛나의
맛있는 이야기를
담았어요. 요리하기 전에
천천히 읽어보세요.

앙팡 다이닝을 읽는 법

재료에서 분량 표기가 안
되어 있는 건 조금, 약간만
넣으라는 뜻이에요. 취향껏
넣어주시면 됩니다.

아직 아침식을 하지 않은 아이와 함께 장기 여행을 떠나다고 생각하면 어떨 내색 하루 세까 무엇을 먹여야 할지 선뜻 내놓가 되고리지 않아요. 여행지에서 손님을 아이가 좋아할 주기라도 보일도 않고, 그렇다고 굶게서 먹는 것을 그대로 배울 수도 없는 노릇이죠. 그런 때 이 오버나이트 오트밀만큼 순한한 메뉴가 없어요. 특별한 조리도 필요하지 쉽게 구할 수 있는 재료로 3분 만에 만들 수 있고요. 선달 저면, 모든 출거운 누워있는 그 제들 냉장고에 넣어 보인도 선물해집 나 싫어지 이각 방법 식사가 기다리고 있을 때나래요.

레시피는 조리 순서에
따라 정리했어요.
손질부터 완성까지
천천히 따라해 보세요.

오트밀

재료 · 아이 2회 분량

바나나 1개, 롤드 오트밀 1컵,
우유 ½컵, 플레인 요거트 2큰,
치아 씨드 1½큰, 시나몬 가루 약간

만드는 법

① 바나나의 껍질을 벗겨 윗부분을 자른 후 냉장 용기에 넣어 포크로 으깹니다.

② 롤드 오트밀, 우유, 요거트, 치아 씨드를 넣고 섞어줍니다.

③ 시나몬 가루를 넣고 반 나절 이상 혹은 약 냉장고에 넣어 최소 5시간 무쳐 먹힙니다.

Tip · 아이의 취향대로 농도를 조절해요
아이가 좋아하는 식감에 따라 우유의 요 기반의 양을 가감해 반죽되어주세요 완성된 질감이 너무 뻑뻑하다면 우유를 더 넣어 조절하면 됩니다. 혹시 물을 다겨서 넣고 구운 것을 곁들이는 것도 식감이 좋아요. 이는, 아빠는 꼭 먼는 메뉴들 곁들여 드세요.

040

이 책의 요리는 3인 가정에서
먹을 수 있도록 만든 양이에요.
어른들의 부족한 간은 소금을
더 넣어주세요!

조리 과정에서 도움이 될
요리 Tip입니다. 꼼꼼히 읽어보세요.

아이와 함께하는 아침

아이와 함께하는 점심

아이와 함께하는 브런치

목차

엄마와 Y의
맛있는 이야기

"엄마, 엄마아! 나도 만들래요. 또, 또!!"

"자, 여기 엄마 손 봐봐. 꾹꾹꾹! 꼭꼭꼭!"

"하나-아, 두-울, 세-엣!"

"와- 그렇지! 너무 멋지다! 세상에 하나뿐인 만두네!"

"우리 다음에 또 같이 만두 빚을까요?"

"네네네!!!"

오늘은 뭘 먹어 볼까?

버섯? 토마토? 아! 콩!!!

"엄마, 엄마! 나는 채소가 제일 좋아요!"

"엄마, 엄마아! 아빠, 아빠-아!"

"응? 왜 그러니?"

"엄마, 아빠! 나도 같이 짠- 해요. 짠! 짠! 짠!"

"하하하. 그럴까? 다 같이 짠!"

"다 같이 짠! 짠! 짠!"

"하하하, 히히히"

"꼭꼭 씹어 먹으세요. 꼭꼭꼭!"

"네! 네! 네!"

"더 조그맣게 만들어 줄까요?"

"아니요!"

"정말? 이제 크게 썰어도
잘 먹는구나.
천천히 꼭꼭 씹어 먹으렴."

"네! 냠냠냠!
히히히!"

"엄마! 이 배는 맛이 없어요. 퉤퉤."
"그래? 어디 보자. 아, 시고 떫구나!
잠시만 기다려봐!"
"네! 네!"

"짜자잔~ 이건 어때?"
"옴늄늄늄! 맛있어요!"
"안 시어요?"
"네!!"
"하하하. 많이 먹으렴."

"우리 아가, 엄마 좀 도와줄 수 있어요?"

"네! 네! 내가 내가 내가!"

"자, 여기를 툭툭툭! 엄마랑 같이 해보자!"

"하나, 두-울, 세-엣!"

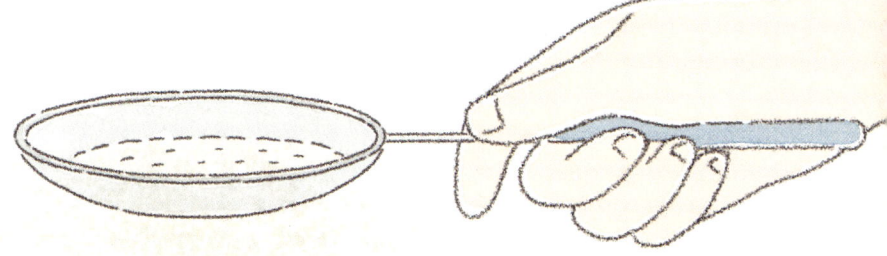

"우리 아기가 도와줘서 더 맛있겠는걸."

"이야아~ 다음에 또 같이 해요!"

"그러자. 다음에 또 같이 하자!"

"네! 네! 네!"

"오늘 점심은 뭐 만들어 줄까?"
"비행기 타고 가서 먹었던 거요!
슈————웅! 부—————웅!!"
"국수 먹고 싶어요?"
"네! 네!"

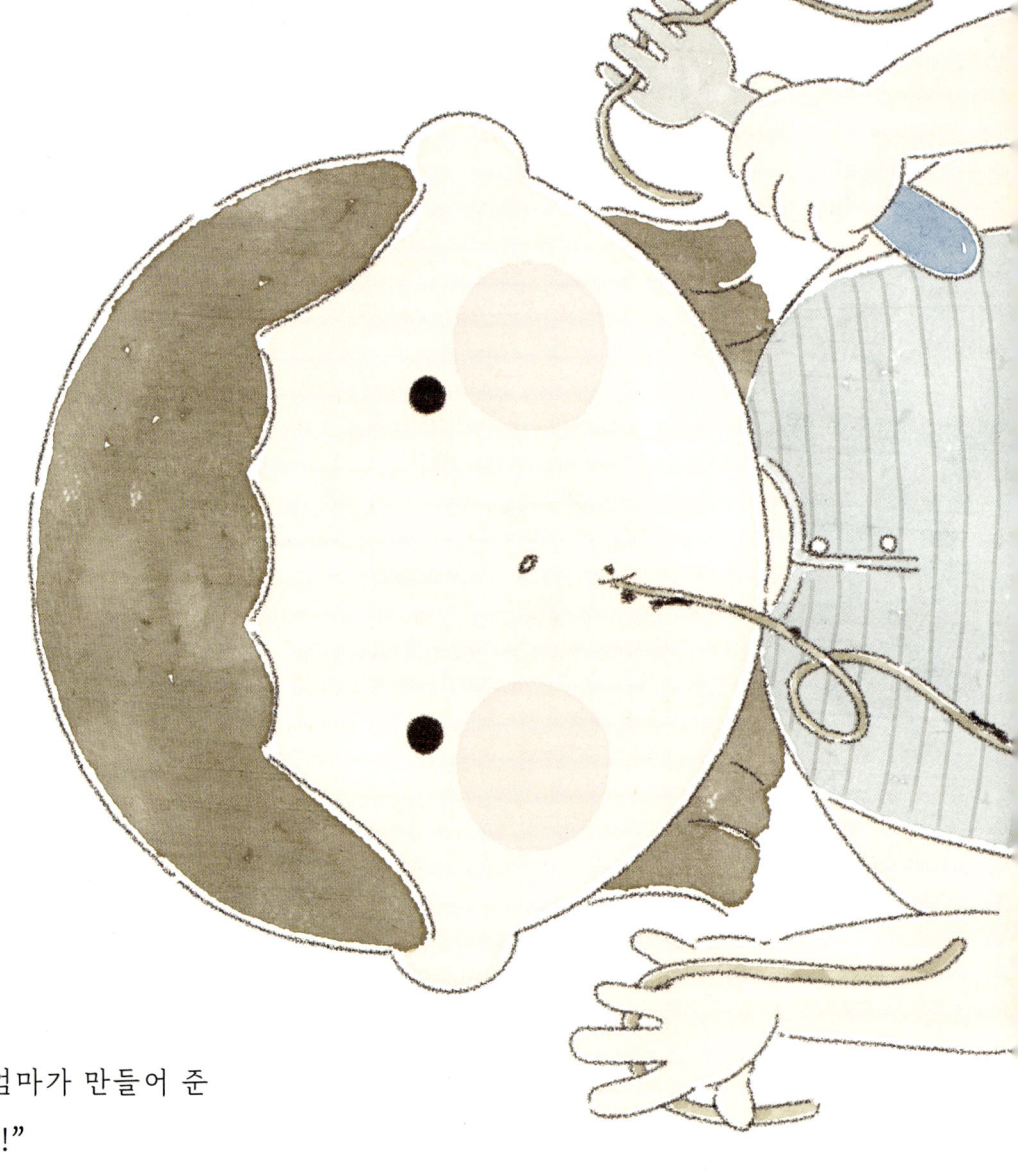

"호———오! 냠냠냠! 엄마가 만들어 준
국수가 제일 맛있어요!"
"하하하, 맛있게 먹어. 또 만들어 줄게요!"
"또! 또! 또!"

"와아아, 오늘은 내가 좋아하는 국이다!"

"국이 좋아요?"

"네!"

"엄마가 생선 발라줄게, 잠깐만 기다려봐. 자, 됐다!"

"와아아- 냠냠냠! 꼭꼭꼭! 달콤해."

"맛있어요?"

"네! 네! 네! 또 해주세요!"

"알겠어요. 또 해줄게요."

"이야아~"

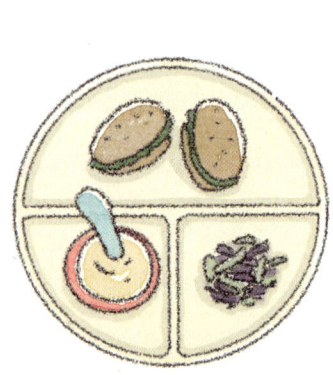

"우리 오늘은 머핀을 구워볼까?"

"좋아요! 킁킁 - 고소한 냄새!"

"오늘의 머핀엔 뭘 넣어볼까? 자, 골라보세요!"

"으-음! 토마토요! 아, 아니, 아니. 사과요!"

"사과를 넣어 볼까요?"

"네! 네!"

"좋아요. 오늘은 사과
머핀을 만들어 보자!"

"엄마 좀 도와줄래?"

"이야아- 신난다!"

"고마워, 우리 아가."

"엄마, 아빠아! 나도, 나도요!"

"이거 먹어 보고 싶어요?"

"네! 네! 네! 다 같이!"

"자, 우리 모두 같이 먹어 볼까?"

"네네! 이야아~!"

"언제 이렇게 컸을까. 어느새 우리가
같은 음식을 먹고 있다니."

"그러게 말이야. 크는 게 너무 아쉬워.
조금만 더 천천히 커주렴."

"사랑해. 우리 아기."

"나도, 나도요!"

"하하하"

아이와
함께하는 아침

엄마,
밥 주세요~

깊은 밤까지 깨어있기를 좋아하는 저는 평소 아침잠이 많아 대체로 아침은 차 한 잔으로 가볍게 시작하는 편이에요. 하지만 아이는 언제나 먼저 일어나 저를 깨우곤 하죠. 고맙게도 매일 아침 식사로 하루를 시작하는 남편이 가능하면 아이의 아침을 챙겨줍니다. 그런 날에는 두 사람이 하루를 조금이라도 수월하게 시작할 수 있도록 아침에 먹을 음식을 전날 미리 준비해두는 편이에요. 간단히 국을 끓여 놓기도 하고 오버나이트 오트밀을 만들어 놓기도 해요.

말갛게 낸 양지 육수로 소고기뭇국을 끓여두면 엄마, 아빠는 거기에 약간의 간만 더해서 함께 먹을 수 있어요. 다만 아이와 함께 먹는 국이기에 소고기와 무를 참기름에 볶는 과정 대신 고기 육수에 소고기를 잘게 찢어 더하는 방식으로 끓입니다. 미역국도 마찬가지예요. 참기름은 발연점이 낮은 기름이라 재료를 장시간 볶는 요리에는 맞지 않아서 주의하려고 해요. 우리에게는 익숙한 조리법이더라도 아이와 함께 먹을 음식을 만들 때면 언제나 한 번 더 확인하려고 노력합니다.

각 나라별 아침 식사 문화가 모두 다 다르다는 것이 새삼 신기할 때가 있어요. 제 기억 속 이상적인 한식 아침 식사에는 언제나 생선구이가 함께 떠오르지만, 뉴욕 친구들은 구운 생선은 아침에 먹기에 너무 무거운 음식이 아니냐며 놀라기도 합니다. 반면 제 입장에서 그들이 즐겨 먹는다는 오트밀은 처음엔 한 끼 식사로 조금 부족한 것이 아닌가 싶기도 했어요. 지금은 즐겨먹는 아침 식사가 되었지만요. 달걀 요리가 꼭 있어야 아침 식사라고 생각하는 사람들도 있고, 김이 모락모락 나는 흰밥 위에 얹어진 낫또로 유년 시절을 기억하는 친구도 있습니다. 가능하면 아이에게 이런 다양한 문화권의 아침 식사를 경험하게 해주고 싶었어요.

자기 전에 만들어 놓은 오버나이트 오트밀은 간단하지만 든든한 아침 식사로 그만이죠. 또는 전날 만들어 둔 머핀에 삶은 달걀과 과일을 곁들인 요거트 정도면 여유로운 아침을 맞이할 수 있어요. 어른도 언제나 아침을 맛있게 먹기란 힘들죠. 가끔은 입맛이 없거나 평소와 다른 음식이 먹고 싶을 때도 있으니까요. 아이도 마찬가지로 패턴화된 음식을 반복적으로 주다 보면 금세 지루한 티를 냅니다. 그럴 때는 아이가 보내는 신호를 잘 살펴봐 주세요. 아직 말이 서툰 시기이지만 너무나 명확하게, 아이는 부모에게 자신이 할 수 있는 최대치의 몸짓과 표정으로 신호를 보내고 있을 테니까요. 함께 한 식탁에서의 시간이 길어질수록, 그 사인을 알아채는 즐거움 또한 늘어나겠죠. 우리는 언제든 말이 통하지 않던 이 시기를, 서로의 언어를 이해하려고 노력했던 순간들을 그리워하며 미소 짓게 될 거예요.

코끝이 간질간질,
아침을 깨우는 고소한 향기

갈치구이와
미역국

생선을 굽는 날이면 아이는 손뼉을 치고 엉덩이를 들썩거립니다. 제 어린 시절을
떠올려보면 엄마는 아침밥보다 잠이 먼저인 저를 위해 노릇한 생선 내음으로 아침잠을
깨우곤 하셨어요. 구이든 조림이든 생선 요리가 아침상에 오르는 날이면 창문 틈으로 타고
들어오는 향긋한 냄새에 눈이 번쩍 떠졌거든요. 생선 중에서도 비린 맛이 적은 갈치를 특히
좋아했어요. 그런 저를 닮아서일까요? 아이 역시 갈치구이를 무척이나 반깁니다.

아이가 밥을 잘 먹지 않아 고민인 날에는 양지 육수로 끓인 미역국과 갈치구이만 한 것이
없어요. 아이는 미역의 식감이 재미있는지 곧잘 받아먹고 푹 삶아 잘게 찢은 양지를 집느라
손이 바빠집니다. 뉴욕에서도 제주산 냉동 갈치를 구할 수 있어 얼마나 든든한지 몰라요.
비록 싱싱한 생물은 아니더라도 고국의 갈치 맛을 아이에게 전해 줄 수 있다는 점에 감사한
마음이 듭니다. 따뜻한 국과 갓 무쳐낸 나물, 잘 구운 생선구이. 아이에게도 생선구이와 함께
먹는 아침의 맛이 기억 속 어딘가에 자리 잡기를 바랐습니다.

생선 섭취는 유아기일 경우 일주일에 100g, 3~6세 어린이일 경우에는 150g이 적당하다고 해요. 갈치 한 토막을 구워 생선 살만 발라주고 나면 크기에 따라 대략 50g~100g 정도가 나옵니다. 주로 일주일에 두 세번 정도 다양한 종류의 생선을 식단에 포함시키려고 하는 편이에요.

아이를 낳기 전까지는 생선의 가운데
토막은 언제나 제 차지였어요. 이제는 가장
고소하고 살이 두툼한 부분을 아이에게
주는 제 모습을 보면서 자연스레 부모님을
떠올립니다. 문득 나도 부모가 되었다는
사실을 깨닫게 됩니다. 맛의 기억이라는
것은 그렇게 자연스럽게 식탁에서
식탁으로 옮겨져 마음 한구석에 머무르죠.
언젠가 아이의 마음에 허기가 돌 때,
누군가 가운데 생선 토막을 건네던 일을
떠올리는 것만으로도 조금은 그 허기가
가시길 바라봅니다.

갈치구이

재료 • 아이 1회 분량

갈치 100g(1토막),
옥수수 전분 적당량, 포도씨유 1ts

만드는 법

① 손질한 갈치의 물기를 닦아낸 뒤 옥수수 전분을 앞뒤로 살짝 묻혀
   털어냅니다.

② 달군 팬에 포도씨유를 두르고 중약불에서 노릇하게 굽습니다.

> **TIP 생선을 구울 땐 전분을 묻혀서**
> 생선에 전분을 묻혀 구우면 살이 흩어지는 것을 방지할 수 있습니다. 어떤 전분이든
> 편하게 사용해도 되지만 옥수수 전분이 다른 것에 비해 찰기가 적어 생선을 구울 때 주로
> 사용해요. 고구마, 감자, 옥수수 등 구황작물 전분은 특히 유전자조작 농산물을 사용하지
> 않은 제품인지 확인하는 편이 좋습니다.

> **TIP 볶거나 굽는 요리에 기름은**
> 반찬을 볶을 때는 발연점이 높고 향과 맛이 옅어 재료 본연의 맛을 해치지 않는 포도씨유
> 또는 아보카도 오일을 주로 사용합니다. 이 또한 아주 소량을 사용하고, 기름 없이 채수나
> 고기 육수에 재료를 볶아 감칠맛을 더하기도 합니다.

미역국

재료 • 아이 2회 분량

주재료
건미역 10~15g,
소고기 양지 300g, 물 1½리터

양념
다진 마늘 1ts, 참기름 약간

만드는 법

① 건미역은 가볍게 씻어 찬물에 한 시간가량 불립니다.

② 불린 미역을 다시 헹군 뒤 먹기 좋은 크기로 썰어 둡니다.

③ 물이 끓으면 양지를 넣고 3분간 데치듯 삶은 후 건집니다.

④ 새로 물 1½리터를 끓인 뒤 데쳐 놓은 양지를 넣고 중약불에서 한 시간 정도
끓여 양지 육수를 우려냅니다. 이때 떠오르는 거품은 건져냅니다.

⑤ 양지를 건져 한 김 식힌 뒤 결대로 잘게 찢어 준비합니다.

⑥ 새 냄비에 손질한 양지와 미역을 넣은 뒤 절반 분량의 육수를 재료가 잠길
정도로 붓고 중불에서 20분 정도 끓입니다.

⑦ 남은 육수를 붓고 다진 마늘을 넣어 중약불에서 20분 정도 더 끓여
완성합니다. 먹기 전에 참기름을 조금 두릅니다.

> TIP **소고기의 핏물 빼는 과정은 생략**
> 보통 소고기 잡내를 없애기 위해 핏물을 빼는데, 신선한 고기를 바로 사용할 경우 핏물
> 빼기에 시간을 많이 할애하지 않아도 돼요. 아이들은 소고기의 철분을 섭취해야 하므로
> 과도한 핏물 빼기는 생략하고 대신 떠오르는 거품이나 불순물을 잘 걷어 맑은 육수를
> 내주세요.

> TIP **간을 할 때는**
> 아이 음식에 간을 해서 준다면, 잘게 찢은 양지에 저염간장 ½Ts, 참기름 ½Ts을
> 넣고 무쳐 미리 밑간을 한 뒤 국에 넣어 끓여주세요. 국과 건더기의 맛이 한층 잘
> 어우러집니다.

언젠가 너도 깨닫게 될까?
시원한 해장의 맛을

황탯국

육아는 감정과 육체를 모두 사용하는 노동입니다. 때로는 하루가 끝난 뒤 아무런 에너지가 남아 있지 않아 쓰러지듯 잠들기도 하죠. 하지만 아기가 잠들고 조용한 밤이 되면 육아 동지 남편과 두런두런 이야기를 하며 술자리를 가지기도 해요. 허심탄회한 술자리는 언제나 즐겁지만 육아에 숙취는 사치처럼 느껴지죠. 숙취가 있다고 육아를 하루 쉴 수 있는 것도 아니니 술자리가 길어질수록 슬슬 다음 날 아침이 걱정됩니다. 그럴 때는 미리 해장국을 끓여 놓고 잠자리에 들어요.

두 돌도 안 된 아기와 같은 냄비에서 해장국을 퍼 담아 나누어 먹는
기분은 좀 묘합니다. 하지만 황태 해장국에 들어가는 황태, 두부,
달걀 모두 아기가 좋아하는 식재료인데다 영양가도 충분하니 사실
유아식으로 손색이 없는 메뉴이기도 해요. 황태에서 오는 감칠맛
덕분에 따로 간을 많이 할 필요도 없어요. 엄마, 아빠가 먹기에 간이
부족하다면 소금을 조금 넣는 것으로 충분하죠.

어렸을 적, 할아버지와 함께 식사를 할 때면 항상 뜨거운
국을 드시면서 "아, 참 시원하다."라고 하셨던 기억이 나요.
도대체 어떻게 뜨겁기만 한 국을 드시고서 시원하다고
하시는지 고개를 갸우뚱거리곤 했습니다. 그 시절을 지나
이제는 해장에는 뜨거운 국만 한 것이 없다는 것을 아는
나이가 되었어요. 아이도 언젠가, 국의 시원한 맛을 깨닫는
날이 오겠죠. 그때 우리가 함께 먹었던 황탯국의 맛을
기억해 준다면 그 또한 즐거울 것입니다.

황탯국

재료 • 아이 3회 분량

주재료

황태 40g, 무 ⅓토막, 두부 ½모,
다시마 국물 2컵, 황태 불린 물 2컵,
달걀 1개, 채썬 파 약간

양념

들기름 1Ts, 다진 마늘 약간

만드는 법

① 황태는 찬물에 여러 번 헹군 뒤 30분 정도 불립니다. 황태 살에 잔가시가
   없는지 손으로 확인하며 작은 크기로 손질합니다.

② 무와 두부는 사방 1cm 크기로 깍둑썰기합니다. 아이의 월령에 맞춰 집기
   좋게 썰어주세요.

③ 냄비에 들기름을 두른 뒤 황태를 넣고 약불에서 1분 정도 가볍게 볶습니다.

④ 다시마 국물 1컵과 황태 불린 물 1컵을 붓고 무를 넣어 중불에서 20분 정도
   끓입니다.

⑤ 거품을 제거하며 끓이다 남은 국물을 넣고 다시 끓어 오르면 두부와 다진
   마늘을 넣고 10분 정도 더 끓입니다.

⑥ 달걀을 풀어 넣고 파를 넣어 완성합니다.

> TIP⟨ **황태는 노란 황금빛이 좋아요**
> 황태는 흰색이나 거뭇한 색보다 노란 황금빛을 띠고 두툼한 것이 좋습니다. 손질한
> 황태에도 잔가시나 뼈가 남아 있을 수 있으니 반드시 완벽하게 제거해 주세요. 불린
> 황태를 손으로 만져보면서 느껴지는 가시를 제거하면 됩니다.

> TIP⟨ **다시마로 국물내기**
> 다시마 국물은 찬물 1리터에 다시마(5×5cm) 서너 장을 넣고 한 시간 정도 두었다가
> 그대로 끓입니다. 육수가 끓으면 중약불에서 10분 정도 가열한 뒤 다시마를 건져 냅니다.
> 여기에 말린 표고버섯이나 말린 파뿌리를 함께 우려도 잘 어울립니다.

> TIP⟨ **국물 맛내기는 이렇게**
> 아이가 먹을 국을 덜어낸 뒤 소금과 백간장을 넣고 후춧가루를 뿌리면 엄마, 아빠의 국이
> 됩니다. 기호에 따라 액젓을 넣어도 잘 어울려요. 아이에게 간을 해 줄 때에는 불려서
> 물기를 뺀 황태에 저염간장 1ts를 넣고 10분 정도 재워 사용해 주세요. 모든 국은 끓일
> 때 재료마다 각각 간을 하면 맛이 한결 잘 어우러집니다.

아이와 함께 맞는
새해 아침

떡만둣국

저는 언제나 떡만둣국을 끓이기 위해 만두 빚는 일로 새해를 시작해요. 동그란 만두피에 소를 가득 채워 만두를 만들면서 새해 바람을 손끝으로 꾹꾹 눌러 담는 거죠. 여느 때보다 정성 들여 지단을 부치고 공들여 육수를 내요. 식구 모두가 속이 꽉 들어찬 만두를 먹으며 새해엔 바라는 일 앞에서 담대해질 수 있기를, 무엇보다 내내 건강하기를 기원합니다. 이런 마음이 담긴 떡만둣국은 제게 새해 덕담과도 같은 음식이에요.

생각해 보면 만두는 고기와 야채를 만두피에 담아 한 입에 먹을 수 있는 꽤 효율적인 유아식이에요. 다만 아기가 먹기 편한 크기로 따로 빚어야 하는 일은 다소 번거롭게 다가올 수 있어요. 하지만 마치 소꿉놀이하듯 작은 크기의 만두를 만지작거리다 보면 어느새 마음 속 깊이 말할 수 없는 감동이 차오릅니다. 아이는 커다란 만두 옆에 있는 조그마한 만두가 자기 것이라는 걸 아는지 고사리 같은 손으로 가져가요. 아이용으로 빚은 작은 만두와 얇게 편으로 썬 떡볶이 떡을 넣고 새해 떡만둣국을 끓입니다.

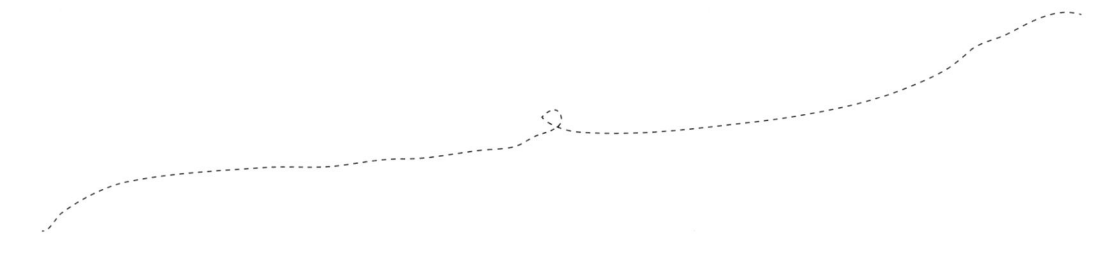

처음 이유식을 시작하던 시절 쌀 미음조차도 힘겹게 받아먹던 아기가 이제는 제법 완성형의 음식을, 그것도 제 스스로 수저질을 해가며 먹습니다. 그 모습을 바라볼 때면 언제나 수고스러움을 기꺼이 자처하게 돼요. 9개월에 접어든 아이와 처음으로 함께 맞았던 새해엔 생수 뚜껑으로 만두피를 잘라 작디작은 만두를 만들었어요. 그 다음 해엔 전보다 약간 커진 우유병 뚜껑으로 만두피를 잘라 빚어주었죠. 그 새삼스러운 변화에 저도 모르게 피식 미소가 새어 나왔습니다. 너무나 자그마한 아기의 입으로 들어가는 올망졸망한 만두를 보면서 바로 '아, 이게 행복이구나' 싶었어요. 때로는 아이들의 시간이 몇 배는 빨리 흐르는 것 같이 느껴져요. 그 모든 순간들을 놓치지 않도록 아이가 조금 더 천천히 컸으면 하는 작은 주문을 걸어봅니다.

엄마·아빠용 만두

재료 • 50알 기준

만두 재료

소고기 등심 300g, 돼지고기 안심 또는 등심 600g,
잘게 썬 부추 2컵, 달걀 1개, 만두피 1팩(50장 기준)

양념

다진 마늘 1½Ts, 다진 생강 1ts, 다진 파 3Ts, 참기름 2Ts,
포도씨유 2Ts, 저염간장 2Ts, 맛술 1½Ts, 후춧가루 약간

만드는 법

① 소고기와 돼지고기를 블렌더에 갈아줍니다.

> TIP 유아식에 사용하는 고기는 되도록 집에서 칼로 다지거나 블렌더로 갈아주세요. 시판 다짐육은 부위가 명확하지 않고 변질되기 쉽습니다.

② 간 고기에 양념 재료와 잘게 썬 부추, 달걀 노른자를 넣어 고루 치댑니다.

③ 만두피에 만두소를 충분히 넣고 만두피 가장자리에 달걀 흰자를 발라 접어가며 만두를 빚습니다.

④ 찜솥에 물을 붓고 김이 오르면 만두를 얹어 센 불에서 15분 정도 찝니다.

⑤ 한 김 식힌 뒤 만두가 서로 붙지 않도록 용기에 담아 냉동 보관합니다.

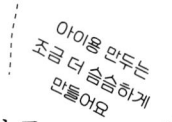

만두는
냉장 2일 보관
냉동 1개월 보관

아이용 만두는
조금 더 슴슴하게
만들어요

아이용 만두

재료 • 40알 기준

만두 재료

소고기 등심 30g, 돼지고기 안심 또는 등심 30g,
잘게 썬 부추 2Ts, 만두피 40장(지름 4cm 기준)

양념

다진 마늘 ⅓ts, 다진 생강 ¼ts, 참기름 1ts, 후춧가루 약간

만드는 법

① 다진 소고기와 돼지고기에 잘게 썬 부추와 양념 재료를 모두 넣고 섞어줍니다.

② 약 4cm 지름의 원형 뚜껑으로 만두피를 찍어내 모양을 냅니다.

③ 만두를 빚어 김 오른 찜기에 넣고 10분 정도 찐 뒤 한 김 식혀 용기에 담아 냉동 보관합니다.

> TIP **만두가 터지지 않는 비법**
> 만두를 빚을 때 가장자리에 달걀 흰자를 바르면 만두가 터지는 것을 방지할 수 있습니다. 떡만둣국을 끓일 때는 오히려 만두를 한 번 쪄서 냉동 보관했던 것을 사용하는 편이 피가 찢어지지 않아요.

엄마·아빠용 떡만둣국

재료 • 어른 2인분

만두 재료
떡국용 떡 200g, 달걀 2개,
양지 육수 3컵, 만두 10개,
어슷 썬 대파 약간,
고명용 양지 고기 약간

양념
소금 1Ts, 저염간장 1Ts, 다진 마늘 약간,
후춧가루

만드는 법

① 떡국용 떡은 찬물에 20분 정도 담가 둡니다.

② 달걀은 흰자와 노른자를 분리한 뒤 풀어서 지단을 각각 부쳐 준비합니다.

③ 양지 육수를 냄비에 붓고 끓어오르면 소금과 저염간장으로 간을 한 뒤
떡국용 떡과 만두를 넣습니다.

④ 떡이 떠오르기 시작하면 다진 마늘과 후춧가루, 어슷하게 썬 대파를 넣고
1분 정도 더 끓입니다.

⑤ 그릇에 담고 지단과 소고기 고명을 얹어 완성합니다.

아이용 떡만둣국

재료 • 아이 1회 분량

떡볶이용 떡 50g, 양지 육수 1컵,
만두 8개, 어슷 썬 대파 약간,
달걀 지단 약간, 고명용 양지 고기 약간

만드는 법

① 떡볶이용 떡은 아이가 먹기 좋은 두께와 크기로 썰어줍니다.

② 양지 육수에 떡과 만두를 넣고 떠오를 때까지 끓인 뒤 대파를 넣어 한소끔
더 끓입니다.

③ 그릇에 담고 지단과 소고기 고명을 얹어 완성합니다.

맑고 진한 양지 육수 만들기

재료

소고기 양지 200g, 물 1리터,
다시마(10×10cm) 2장, 양파 ½개,
마늘 2쪽

만드는 법

① 끓는 물에 양지를 살짝 데쳐 건집니다.

② 물 1리터에 다시마, 양파, 마늘을 넣고 끓으면 데친 양지를 넣고 센 불에서 끓입니다. 10분 정도 뒤에 다시마를 건집니다.

③ 육수가 끓으면 중약불에서 30분 정도 더 끓입니다. 중간중간 떠오르는 거품은 건져냅니다.

④ 불을 끄고 식히는 동안 육수가 우러나도록 30분 정도 두었다 사용합니다.

⑤ 육수를 우려낸 고기는 먹기 좋은 크기로 썰거나 찢어 고명으로 올립니다.

언제 어디서나 간편하게

오버나이트 오트밀

귀리로 만든 오트밀은 미국과 유럽에서 흔히 먹는 식재료입니다. 어린 시절 읽었던 동화책 속에 나오는 오트밀이 어떤 맛일까 상상해 본 적이 있어요. 처음 오트밀을 먹어봤을 때, 다소 거친 식감과 밋밋한 맛에 실망했던 기억이 나요. 하지만 오트밀은 섬유질과 영양분이 풍부해서 영유아기 아이들에게 매우 훌륭한 식재료 중 하나예요.

처음에는 유제품을 잘 먹지 않는 아이 때문에 유제품을 먹일 방법을 고심하다 오버나이트 오트밀을 만들기 시작했어요. 아이는 우유와 요거트를 따로 주면 고개를 절레절레 흔들었지만 전날 밤 오트밀에 섞어 두면 잘 먹었어요. 오트밀의 거친 식감이 전날 우유에 불려 둔 덕에 부드러워진 데다 제철 과일 토핑 덕분에 이제는 아이가 제일 기다리는 아침 메뉴 중 하나가 되었습니다. 여기에 간단한 달걀 요리를 곁들인다면 하루를 시작하기에 그만이죠.

오트밀의 종류에는 크게 스틸컷 오트밀Steel-Cut Oatmeal, 롤드 오트밀Rolled Oatmeal, 퀵 오트밀Quick Oatmeal이 있어요. 아이 유아식에 주로 사용하는 오트밀은 롤드 오트밀로 주로 올드 패션드 오트밀Old-Fashioned Oatmeal이라고도 불립니다. 롤드 오트밀은 귀리 알곡을 한번 조리를 거쳐 평평하게 누른 뒤 자르지 않은 형태를 말해요. 스틸컷 오트밀에 비해 부드러운 식감을 가지고 있고 조리시간을 단축할 수 있죠. 머핀이나 케이크 재료로 활용하기에도 좋아요.

아직 가염식을 하지 않는 아이와 함께 장기 여행을 떠난다고 생각하면 여행 내내 하루 세끼 무엇을 먹여야 할지 선뜻 메뉴가 떠오르지 않아요. 여행지의 음식을 아이가 좋아해 주리라는 보장도 없고요. 그렇다고 집에서 먹는 것을 그대로 해줄 수도 없는 노릇이죠. 그럴 때 이 오버나이트 오트밀만큼 든든한 메뉴가 없어요. 특별한 조리도구나 불 없이도 쉽게 구할 수 있는 재료로 3분 남짓이면 만들 수 있어요. 전날 저녁, 보관 용기에 만들어 두었다가 그 채로 냉장고에 넣어 두세요. 마치 선물처럼 늘 집에서 먹던 영양 가득한 아침 식사가 기다리고 있을 테니까요.

오트밀

재료 • 아이 2회 분량

바나나 1개, 롤드 오트밀 ½컵,
우유 ⅓컵, 플레인 요거트 2Ts,
치아 씨드 1½ts, 시나몬 가루 약간

만드는 법

① 바나나는 껍질을 벗겨 끝부분을 자른 뒤 냉장 용기에 넣어 포크로 으깹니다.

② 롤드 오트밀, 우유, 요거트, 치아 씨드를 넣고 섞어줍니다.

③ 시나몬 가루를 넣고 한 번 더 섞어준 뒤 냉장고에 넣어 최소 5시간 두었다 먹입니다.

TIP〈 **아이의 취향대로 농도를 조절해요**
아이가 좋아하는 식감에 따라 우유와 요거트의 양을 가감해 만들어주세요. 완성된 질감이 너무 뻑뻑하다면 우유를 더 넣어 조절하면 됩니다. 호두를 다져서 넣거나 구운 잣을 곁들이는 것도 식감이 좋아요. 엄마, 아빠는 꿀 또는 메이플 시럽을 곁들여 드세요.

알알이 톡톡

퀴노아 죽

한식은 밥과 다양한 찬을 곁들여 먹는 식문화를 가지고 있어요. 쌀이 대체 무엇이길래 그렇게 매일 꼭 먹어야 하고 먹지 않으면 생각나는 것일까요. 무언가를 주식으로 삼는다는 것은 그런 걸 거예요. 앞으로 한국과 미국, 두 문화권을 오가며 살아가야 할 아이를 위해 좀 더 유연한 식습관을 길러주면 좋겠다고 생각했습니다.

한국에서는 다양한 품종과 양질의 쌀을 쉽게 찾을 수 있지만 뉴욕에서 구할 수 있는 쌀의 종류와 품질은 다소 제한적이었어요. 근래에는 미국에서 재배되는 쌀에 함유된 비소 문제로 걱정스럽기도 했고요. 영유아기에는 고기와 채소, 과일을 골고루 섭취해야 하는 것과 마찬가지로 곡류의 중요성도 빼놓을 수 없거든요. 그렇다 보니 다른 문화권에서는 어떤 곡류를 주로 섭취하는지 관심을 갖게 되었어요. 그렇게 발견하게 된 곡물이 바로 '퀴노아'입니다.

퀴노아는 다양한 영양소를 포함하고 있고 무엇보다 고단백 식품이라는 점이 마음에 들었어요. 아이는 돌이 지나자 우유를 잘 먹으려 들지 않았어요. 그런데 우유를 대체할 수 있는 완전한 식물성 단백질이 있다니 어려운 수수께끼를 푼 것만 같은 기분이 들었습니다. 퀴노아는 다양한 색깔이 있는데 그 중에서도 단백질과 칼슘 함량이 다른 색 퀴노아에 비해 높은 붉은색 퀴노아를 주로 사용해요. 아이가 밥을 거부하던 시기에는 다진 고기에 삶은 퀴노아를 듬뿍 넣어 미트볼을 만들어 먹이기도 했었어요. 제게 퀴노아는 가히 '곡식의 어머니'라는 어원이 무색하지 않을 만큼 고마운 식재료입니다.

퀴노아죽

재료 • 아이 2회 분량

퀴노아 1컵, 물 2컵, 우유 ¾컵,
시나몬 가루 약간, 제철과일 취향껏,
치아 씨드 약간

만드는 법

① 퀴노아와 물을 1:2 비율로 준비합니다. 물에 퀴노아를 붓고 끓으면 중불로
   줄인 뒤 20분 정도 삶습니다.

   TIP〈 흰색 링이 생기면 거의 익은 것이고 좀 더 무른 식감을 위해서는 물을 약간 보충해
   더 삶아도 좋습니다.

② 삶은 퀴노아에 우유를 붓고 약한 불에서 저어가며 3~4분 정도 끓입니다.

③ 시나몬 가루를 더하고 취향에 따라 제철과일과 치아 씨드를 곁들입니다.

   TIP〈 **배변이 어려운 아이에게는 치아 씨드가 제격**
   배변이 어려움이 있는 아이의 식사에 치아 씨드를 활용해 보세요. 섬유질이 높아 변비에
   도움이 됩니다. 다만 1~3세의 경우 하루 1~2ts 정도가 적정량입니다. 치아 씨드 푸딩도
   만들기 쉬우니 전날 밤 만들어 활용해보세요. 우유와 치아 씨드만으로 간단하게 만들
   수 있어요. 요거트를 곁들이거나 제철과일, 단호박, 아보카도 등을 잘라 토핑으로
   얹어주세요.

아이와
함께하는 점심

와 - 잉!

아침을 먹이고 간단히 간식을 챙겨주고 나면 이내 점심때가 찾아옵니다. 점심은 주로 불 앞에서 많은 시간을 할애하지 않아도 되는 오븐을 활용한 음식이나, 면이나 파스타처럼 타이머가 제 자리를 대신해 주는 메뉴를 고르는 편이에요. 특히 주말 점심에는 좀 더 다양한 식재료를 활용해 보려고 해요. 집 안이 마치 피크닉 장소처럼 느끼게끔 조금 더 색다른 메뉴는 없을지 찾아보곤 하는 거죠.

아이의 일과를 따져보면 아이는 하루 세 끼, 거기에 두 번의 간식까지 더해 모두 다섯 번의 식사를 하게 됩니다. 하루에 적지 않은 시간을 식사시간으로 할애하는 셈이죠. 영유아기에는 새로운 미각을 익히는 것 그 자체가 커다란 자극이자 재미있는 놀이가 되고 결국 배움으로까지 이어집니다. 음식을 먹는다는 하나의 행위를 통해 아이는 오감을 자극받게 되죠. 먹는다는 행위는 어찌 보면 단순하지만, 이 행위를 통해 점점 더 스스로에 대해 이해할 기회를 갖게 됩니다. 나아가 세상과 소통하는 법을 배우게 돼요. 그렇기에 가능하면 다양한 맛에 대한 기억을 전해주고 싶었습니다.

점심은 계절로 치면 모든 색이 선명해지는 봄과 여름, 그 사이처럼 느껴지곤 해요. 그래서인지 하루 세끼 중에서 좀 더 다양한 색을 사용하려고 노력하는 편이에요. 유아식을 만들 때 종종 파리의 아르페쥬*L'Arpège*를 떠올립니다. 이 레스토랑의 셰프인 알랭 파사드*Alain Passard*는 장장 4시간에 걸친 파인 다이닝 코스를 채식주의 메뉴만으로 채우는 것으로 유명해요. 값비싼 재료나 육류 없이도 지루하지 않게 식사를 할 수 있었던 것은 채소의 다채로운 맛과 색감 덕분이었어요. 강렬했던 비트의 빛깔은 지금도 여느 명화 못지않게 뇌리에 남아있습니다. 제철을 맞은 아스파라거스의 번지듯 선명해지던 연둣빛과 완두콩이 가진 초록의 생동감에 흔히 육류를 메인 재료로 여겨왔던 편견을 기꺼이 내어주고 말았죠. 눈으로 먼저 음식을 먹는다는 말을 실감했던 식사였어요.

아이 역시 입으로 어떤 음식을 가져갈지 고민하기 전에 눈으로 먼저 음식을 탐색합니다. 그렇기에 아이의 식사 속에 다채로운 색감이 들어갔는지 살펴보려고 해요. 아기 의자에 아이를 앉히는 순간, 아이만큼이나 저 또한 매번 설레입니다. 과연, 아이가 오늘의 식사를 좋아해 줄까요? 오늘은 아이의 어떤 새로운 모습을 발견하게 될까요. 오늘 아이는 제게 어떤 말을 건넬까요? 아이는 두 손을 번쩍 들어 올리고서 오늘의 메뉴가 무엇인지 호기심 가득 찬 눈빛으로 식탁을 바라봅니다. 이 까다로운 손님의 호기심을 불러일으키지 못한다면, 식사시간보다 바닥 청소에 더 많은 시간을 쏟게 될지도 몰라요. 그러니 아이의 식사가 '놀이'가 아닌 '탐색'의 시간이 될 수 있도록, 오늘도 계절이 부르는 맛과 색을 부지런히 식탁 위로 옮겨 담아봅니다.

안녕?
달콤 촉촉 사과

닭고기 사과 퀴노아볼

유아식을 시작하면서 끼니 때마다 최대한 새로 만들어주려고 노력하지만 미리 만들어 냉동해 두는 음식이 몇 가지 있어요. 가끔은 예기치 못한 상황이 생기기도 하고 몸이 좋지 않은 날도 더러 있기 때문이에요. 그런 날 꺼내는 비장의 무기 같은 메뉴들이 있습니다.

육류는 한번 냉동실에 들어갔다 해동하면 수분을 잃어 질겨지고 맛이 떨어진다는 단점이 있어요. 하지만 닭고기를 다져 곡물을 함께 넣어 만든 미트볼은 해동해서 먹어도 맛과 식감이 잘 유지돼요. 단백질 함량이 높은 닭고기는 성장기 아이들에게 훌륭한 식재료 중 하나예요. 잘게 다진 닭고기에 산미를 가진 사과를 다져 넣으면 닭고기 특유의 향을 잡아주고 풍미를 높일 수 있어요. 거기에 알알이 씹히는 식감이 재밌는 퀴노아를 삶아 더하면 닭고기볼의 식감이 한층 부드러워집니다.

여느 날처럼 닭고기 퀴노아볼을 만들고
있는데 엄마가 한입 맛보시더니 담백하다며
몇 개를 더 드셨어요. 무염에 단백질도
풍부하니 환자식으로도 좋겠다면서요. 평소
육류를 선호하지 않는 엄마의 입맛에도 맞아
만드는 내내 즐거움이 배가 됐던 고마운
음식이기도 합니다.

냉동실에서 쏙쏙 꺼내 브로콜리를 데쳐
곁들여 주거나 숏파스타를 삶아 토마토소스와
함께 준비해 주세요. 상황이 여의치 않은 날
미리 준비해 둔 닭고기 사과 퀴노아볼이 있으면
마음이 든든해질 거예요.

냉장 3일 보관
냉동 3주 보관

닭고기 사과 퀴노아볼

재료 • 아이 8회 분량

퀴노아 5Ts, 물 1컵, 사과 ½개,
양파 ⅓개, 닭 안심 350g,

양념
파르메산 치즈 3Ts, 전분 ½Ts,
올리브유 1Ts, 후춧가루 약간

만드는 법

① 퀴노아와 물을 1:2 비율로 준비해 중약불에서 20분 정도 삶아줍니다.
퀴노아에 하얀색 링이 생기면 다 익은 거예요.

② 사과와 양파는 잘게 다집니다.

③ 닭 안심의 힘줄과 막을 제거한 뒤 잘게 다집니다.

④ 준비한 재료와 양념 재료를 볼에 넣고 반죽합니다.

⑤ 아이가 먹기 좋은 크기(약 2.5cm)로 빚어줍니다.

⑥ 200도로 예열한 오븐에 넣어 10분 정도 구운 뒤 골고루 익도록 한 번 뒤집어
주고 10분 더 구워 완성합니다.

TIP **굽는 대신 쪄도 좋아요**
주방의 상황과 아이의 취향에 따라 대체해서 요리해 보세요. 오븐이 없다면 찜기에 쪄서
익혀도 좋습니다. 물이 끓으면 닭고기 사과 퀴노아볼을 얹어 15~20분 정도 중강불에서
쪄주세요. 닭 안심 대신 다른 부위를 사용해도 괜찮습니다. 이때에도 질긴 힘줄이나
지방을 제거하고 사용해주세요. 아이에게 치즈를 처음 소개하는 단계라면 파르메산 치즈
대신에 염분이 적은 스위스 치즈를 추천합니다.

온 집안 가득 퍼지는 고소한 내음
땅콩? 땅콩!!!

소고기 피넛버터 볼

아이에게 만들어주는 음식에는 최대한 시판 다짐육을 사용하지 않으려고 해요.
간 소고기나 간 돼지고기는 분명 조리하기 편리하지만, 가끔씩 다짐육에 대한 좋지 않은
뉴스를 접하고 나면 역시 조금 걱정이 됩니다. 간 고기는 사용 기한도 짧고, 특히 다짐육으로
만드는 이 미트볼은 한번 익힌 뒤 냉동 보관해야 하니 조금 번거롭더라도 집에서 갈아주거나
직접 칼로 다져주는 편이 좋아요. 꼭 위생 때문만은 아니에요. 직접 칼로 다지다 보면 아이가
좋아하는 식감의 정도를 쉽게 찾을 수 있거든요. 아이의 성장에 맞춰 다짐 정도를 조절할
수 있으니 아이의 선호를 파악하기에도 수월해요. 한창 성장하는 아이의 식단에는 고기가
빠지지 않으니 자주 사용하게 되는 주재료일수록 조금 더 공들여 준비할 가치가 있습니다.

이유식을 하다 보면 처음 선보이는 식재료는 언제나 설렘을 가지고 주게 돼요. 대부분의
아이들이 단호박의 단맛을 좋아한다고 해서 한껏 기대했던 기억이 납니다. 그런데 아이는
웬일인지 지금도 단호박을 잘 먹지 않아요. 그래서 피넛버터 향 속에 슬쩍 단호박을
숨겨봤어요. 잘 먹지 않는 식재료도 이리저리 궁리해가면서, 가능하면 다양한 재료의 맛을
기억 속에 남겨주고 싶습니다. 피넛버터를 어렵게 생각하지 마세요. 피넛버터는 풍부한
단백질과 성장기 아이들에게 필요한 지방을 가지고 있어요. 아이들이 자라나려면 적절한
양의 지방은 꼭 필요합니다. 온 집안에 퍼지는 고소한 피넛버터 냄새에 아이가 발을 동동
구르는 것을 보니, 이번 작전은 성공인 모양이에요.

이렇게 아이가 원하는 맛을 찾아가는 과정이
마치 대화를 하는 것처럼 느껴질 때가 있어요.
제가 음식으로 말을 건네면 아이는 어떤
형태로든 답을 해요. 그 안에서 우리는 서로의
닮음도 다름도 발견합니다. 그렇게 우리가 함께
마주 앉은 식탁에서 오늘도 아이는 자라납니다.

냉장 3일 보관
냉동 3주 보관

소고기 피넛버터 볼

재료 • 아이 4회 분량

소고기 안심 300g, 단호박 ½컵,
무첨가 피넛버터 3Ts, 다진 마늘 ½ts,
스위스 치즈 3Ts

만드는 법

① 소고기를 칼로 다져 준비합니다.

② 단호박은 껍질을 벗긴 뒤 찜기에 넣어 20분 정도 익힌 뒤 으깨줍니다.

③ 다진 소고기에 으깬 단호박, 피넛버터, 다진 마늘, 스위스 치즈를 넣고
　 살짝만 치대 반죽합니다.

④ 아이가 먹기 적당한 크기(약 지름 3cm)로 둥글게 빚어 줍니다.

⑤ 200도로 예열한 오븐에서 15~20분 정도 굽습니다. 이때 중간에 한 번
　 뒤집어 골고루 익혀주세요. 그릇에 물을 담아 오븐 중앙에 놓고 익히면 더
　 촉촉하게 구울 수 있습니다.

TIP **프라이팬으로 익힐 땐 납작하게**
오븐이 없다면 프라이팬으로 구워도 돼요. 이때는 둥근 모양보다 납작한 모양으로 빚는
게 속까지 잘 익어 좋습니다. 달군 팬에 포도씨유를 약간 두르고 중불에서 약 10분 정도
앞뒤로 뒤집어가며 노릇하게 구워주세요. 토마토 소스를 곁들여도 잘 어울려요.

코끝이
간질간질

들기름 막국수

음식에서 첫인상은 정말 중요한 것 같아요. 초등학교 급식시간에 들깨가루가 들어간
토란국을 먹고 들깨에 대한 편견이 오래도록 자리 잡았거든요. 비릿하고 텁텁했던 들깨 맛에
대한 기억 때문에 성인이 되어서도 들깨가루가 들어간 음식은 모조리 피했을 정도였어요.
그러다 들기름 막국수를 접하고 난 뒤 그 편견은 완전히 부서졌습니다. 여전히 국에 들어간
들깨가루는 즐기지 않지만요.

들깨가루는 거피 여부에 따라 쓰임이 나뉘고 맛과 질감이 다르다는 것을 그때 알게
되었어요. 들기름 막국수에는 완전히 거피한 들깨를 볶은 뒤 가루로 곱게 빻은 것을
사용하는데, 아이들이 먹기에도 부드럽고 소화도 쉽습니다. 특히나 햇들깨가 나오는
늦가을에 마련해 냉동해 두었다가 각종 반찬에 활용하면 그 맛을 오래 지킬 수 있어요.

지난 겨울, 후쿠오카에서 아이는 처음으로 주와리 소바를 맛보았어요. 일본에서 갔던 소바 전문점에서는 메밀가루를 100% 사용한 '주와리十割 소바'와 메밀과 밀을 8:2 비율로 만든 '니하치二八 소바'를 주문할 수 있었어요. 서로 다른 함량의 소바를 주문해 아이가 어떤 면을 선호하는지 살펴봤어요. 아이는 주와리 소바를 맛보더니 니하치 소바는 더 이상 손을 대지 않더군요. 어쩌면 주와리 소바가 메밀 특유의 툭툭 끊기는 식감이 살아있어 아기가 먹기에 더 편했는지도 몰라요. 아이가 맛있게 잘 먹은 바람에 주와리 소바를 일 인분 더 주문했던 기억이 납니다.

집으로 돌아와 여행에서 구입해 온 주와리 소바를 삶아 거피한 들깨가루를 듬뿍 넣고 구운 김을 가늘게 잘라 들기름에 비벼주었어요. 메밀의 까슬거리는 식감과 들깨가루의 뻑뻑함을 들기름이 잡아주고, 메밀 고유의 향이 들깨가루와 함께 코끝에서 춤을 춥니다. 아이의 입가엔 어느새 들깨가루와 김가루가 잔뜩 묻어 있어요. 면을 삶아주면 곧잘 촉감놀이로 이어지고 식탁은 금세 난장판이 되곤 하지만, 이 들기름 막국수만큼은 바닥에 떨어지는 일이 없는 것을 보면 아이의 입맛에도 합격인가 봅니다.

아이에게 소바를 삶아 줄 때면, 아이는 비행기를 타고 가서 먹었다며 손으로 하늘을 나는
비행기 흉내를 내요. 이렇게 어린아이에게도 여행의 기억이 남아 있다는 것이 신기합니다.
다음 여행에서는 어떤 맛을 함께 발견하게 될까요. 벌써부터 기다려집니다.

아이용 들기름 막국수

재료 • 아이 1회 분량

메밀면 70g(삶은 후 약 150g), 거피 들깨가루 2Ts,
들기름 2Ts, 구운 김가루 1Ts

만드는 법

① 메밀면은 설명보다 1~2분 정도 더
삶아 부드럽게 익힌 뒤 찬물에 헹궈
건집니다.

② 메밀면에 들깨가루, 들기름, 구운
김가루를 넣고 비빕니다.

엄마·아빠용 들기름 막국수

재료 • 어른 2인분

잘 익은 김치 ½컵, 메밀면 100g, 연두 1Ts,
들기름 3Ts, 거피 들깨가루 2Ts, 구운 김가루 2Ts

김치 양념
설탕 1ts, 식초 ½Ts, 연두 ½Ts, 들기름 1Ts

만드는 법

① 익은 김치는 물에 여러 번 헹궈 양념을
털어내 물기를 짭니다.

② 김치를 5cm길이로 길쭉하게 썰고 김치
양념 재료를 모두 넣어 무칩니다.

③ 메밀면을 삶아서 찬물에 여러 번 헹군
뒤 물기를 짜고 연두 1Ts과 들기름 2Ts을
넣어 미리 비벼둡니다.

④ 양념한 김치와 들깨가루, 나머지
들기름, 김가루를 올려 완성합니다.

가평과 뉴욕
그 어딘가에서

바질 페스토

    사시사철 비슷한 미국의 식재료 사이에서도 계절감을 느낄 수
있는 재료들이 있어요. 이른 봄이 되면 양파와 마늘 중간 사이의
맛이 나는 램프Ramp를 사다 얇게 부침옷을 입혀서 전을 부쳐
먹습니다. 봄에 만나는 램프는 어쩐지 생김새가 명이나물과
닮아 더욱 반가워요. 가을이 되면 다양한 버섯들과 수십 가지
종류의 고추들이 파머스 마켓Farmer's Market에 나와 다채로움을
더합니다. 색다른 시장 풍경이 자아내는 색감은 뉴욕의
사계절을 담아내기에 부족함이 없어요.

　여름의 초입이 되면 파머스 마켓*Farmer's Market*에 발걸음을 멈추게 할 만큼 향기로운
바질이 가득 나와요. 바질이 머금고 있는 풀빛이 이제 막 초여름이 시작되었음을 알리죠.
어김없이 바질을 한 바구니 사서 집으로 돌아와 한국에서 가져온 가평잣을 꺼냅니다.
미국에서도 잣은 쉽게 구할 수 있지만 한국의 잣과 비교하면 고소함의 차이가 달라요. 잣은
껍질을 벗기고 고깔을 떼어 손질한 뒤 프라이팬에 살짝 구워요. 믹서에 잣과 손질한 바질을
한 움큼 넣고 좋아하는 엑스트라 버진 올리브오일을 듬뿍 넣죠. 바질 페스토를 만드는 날엔
온 집안이 가평잣의 고소함과 바질의 싱그러움으로 가득 찹니다.

　바질 페스토를 만들 때면 종종 이런 생각에 잠기곤 해요. 가평의 잣과 뉴욕의 바질. 그 둘이
자연스럽게 만나 한데 어우러지듯 아이의 삶도 그러하기를요. 뉴욕에서 나고 자랄테지만
분명 한국인의 정체성을 가지고 살아가야 할 아이에게 두 나라가 지닌 고유한 맛과 문화가
자리 잡았으면 해요. 뉴욕의 맛, 그와 동시에 아이의 뿌리인 한국의 맛도 깊이 각인되기를.
그렇게 아이의 삶이 보다 풍요로워지기를 마음속으로 바라곤 합니다. 손끝에 이런저런
마음을 담아 움직이다 보니 어느새 초록빛을 가득 머금은 바질 페스토가 눈앞에 담깁니다.
이제 아이가 좋아하는 몇 가지 파스타를 가져가 고르라고 할 참이에요. 오늘은 어떤
파스타를 고를까요? 어느새 아이의 눈에는 호기심이 가득합니다.

바질 페스토

냉장 3~4일 보관

재료 • 아이 3회 분량

바질 3컵, 가평잣 ½컵,
페코리노 로마노 치즈 ⅓컵,
다진 마늘 ½ts,
엑스트라 버진 올리브오일 ⅓컵,
레몬즙 1½Ts

만드는 법

① 바질을 깨끗이 씻어 물기를 완전히 제거합니다.

② 잣은 고깔과 껍질을 제거한 뒤 젖은 천으로 깨끗이 닦은 뒤 마른 팬에 올려 살짝 노릇하게 구워 식힙니다.

③ 믹서에 바질, 잣, 페코리노 로마노 치즈, 다진 마늘, 엑스트라 버진 올리브오일을 넣어 갈아줍니다. 올리브오일은 취향에 따라 가감하세요. 오일의 양을 늘리면 질감이 더 부드러워져요.

④ 마지막으로 레몬즙을 넣고 한 번 더 가볍게 갈아줍니다.

⑤ 밀폐용기에 바질 페스토를 담고 윗면에 엑스트라 버진 올리브오일을 추가로 부어 공기와의 접촉을 막아 냉장 보관합니다.

바질 페스토 파스타

재료 • 아이 1회 분량

푸실리 ⅔컵, 바질 페스토 1Ts,
엑스트라 버진 올리브오일 약간,
페코리노 로마노 치즈 약간

만드는 법

① 끓는 물에 푸실리를 넣어 삶아 건집니다.

② 푸실리에 바질 페스토를 넣고 버무린 뒤
엑스트라 버진 올리브오일과 치즈를 뿌려
완성합니다.

TIP〈 **아이와 잣 손질을 함께 해요**
잣은 고깔과 껍질을 제거하지 않은 황잣을
사용했어요. 손질 과정을 거친 백잣보다 고소한
맛과 향이 뛰어납니다. 아이와 마주앉아 잣 껍질을
벗기는 작업은 아이의 소근육 발달에도 도움이
되는 재미난 놀이가 됩니다.

TIP〈 **바질 페스토는 굵은 소금이 잘 어울려요**
파스타 면은 아이가 선호하는 어떤 파스타를
사용해도 좋습니다. 다만 푸실리나 펜네 같은
숏파스타가 페스토가 고루 잘 묻어요. 엄마,
아빠가 먹을 파스타에는 소금으로 입맛에 맞게
간을 해주세요. 말돈 소금처럼 입자가 굵은
소금이 바질 페스토와 잘 어울립니다.

주말의 루틴

불고기 김밥

　우리 집 주말 루틴 중 하나는 분식 만들어 먹기예요. 주말이 되면 으레 김밥과 떡볶이를 만들고 거기에 조금 여유가 있다면 어묵탕을 끓입니다. 학교 다닐 때 먹었던 '분식 삼총사'를 만드는 거죠. 국과 반찬을 고루 갖춘 정갈한 식사는 나를 돌보는 느낌이라면, 이렇게 가족이 모여 가볍게 분식으로 먹는 한 끼는 주말에 한가로운 기분을 더해줍니다. 이런 우리의 주말 루틴을 아이와도 함께 즐기고 싶었어요.

매운맛의 떡볶이나 감칠맛이 도드라지는 어묵은 아직 아이에게 이를지 모르지만,
김밥이라면 얼마든지 아이 입맛에 맞게 만들 수 있어요. 시금치의 초록, 달걀 지단의 노랑,
당근의 주황, 우엉의 갈색이 만들어내는 김밥의 다채로운 색감은 아이의 관심을 쉽게
끌어요. 어느 주말, 아직 말이 서툰 아이는 우리가 먹고 있는 김밥을 보고서 자기도 달라고
두 손뼉을 마주치며 몸짓 언어를 건넸습니다. 이 손뼉은 아이가 무언가 먹고 싶은 것이
있을 때 표현하는 최대치의 언어예요. 이렇게 자기 의사를 표현하는 것을 보는 일은 언제나
커다란 기쁨이에요. 게다가 '우리와 함께 같은 것을 먹고 싶다니!' 번거로움이 단숨에
기꺼움으로 바뀌는 순간입니다.

어쩌면 아이는 학교 정문 앞 분식집에서 친구들과 함께 먹는 떡볶이의 맛은 모른 채
성장하게 될지도 모르겠어요. 하지만 엄마, 아빠와 함께 분식을 만들어 먹던 주말의
한가로움만큼은 기억해 주었으면 좋겠습니다.

불고기 김밥

재료 • 10줄 분량

불고기용 소고기 150g, 쌀 1컵,
물 1컵, 다시마(5×5cm) 1장,
시금치 ½단, 참기름 약간, 간 깨 약간,
당근 ½개, 포도씨유 약간, 참기름 약간,
어린이용 작은 김밥김

불고기 양념

배 ⅓개, 양파 ¼개, 다진 마늘 ½ts,
참기름 ½Ts, 후춧가루 약간

만드는 법

① 불고기용 소고기를 잘게 썰어 배와 양파를 갈아 넣고 다진 마늘과 참기름,
후춧가루로 버무려 1시간 정도 재웁니다.

② 쌀을 씻어 30분 정도 불린 뒤 동량의 물을 붓고 다시마를 넣어 밥을
짓습니다.

③ 시금치를 데친 후 잘게 썰어 참기름과 간 깨를 넣고 무칩니다.

④ 당근은 채 썬 뒤 달군 팬에 포도씨유를 두르고 볶습니다.

⑤ 달군 팬에 양념한 불고기를 넣고 물기가 없어질 때까지 바짝 볶습니다.

⑥ 볼에 밥을 담은 뒤 간 깨와 참기름을 약간 넣어 고루 비벼줍니다.

⑦ 김에 밥을 올려 편 뒤 새료를 올려 김밥을 말아줍니다. 완성된 김밥에
참기름을 바른 뒤 썰어 주세요.

TIP 아이 밥 양념은 방금 같은 깨로
아이의 밥에는 단촛물이나 소금을 넣지 않습니다. 그 대신 바로
같은 깨를 사용하는데요, 깨는 산패가 쉬워서 조금씩 갈아 그때그때
사용하면 맛과 향이 증폭되며 신선한 영양소를 그대로 즐길 수
있습니다. 엄마, 아빠용 김밥에는 단촛물을 사용하는데 이때에는 식초
2Ts, 물 1Ts, 설탕 ½Ts, 소금 ½ts을 모두 섞어서 전자레인지에 20초
돌려 사용합니다. 밥에 단촛물을 기호에 맞게 넣어 간을 해주세요.

TIP 아이용 김밥김
김밥용 김은 최대한 농약을 사용하지 않은 유기가공식품 인증을
받은 제품을 사용해 주세요. 또 아이용 김밥을 만들 때는 작은 김을
사용하는 것이 편리해요. 큰 김이라면 ¼등분해서 쓰면 됩니다.

요리조리 마음껏 슥슥!

잡채

잡채는 주로 명절이나 손님상에서 찾게 되는 음식이죠. 각각의 재료를 하나하나 따로 조리한 뒤
한 데 섞을 것을 고려해 섬세하게 간을 해야 하니 쉽게 해먹을 수 있는 요리는 아니에요.

처음 잡채를 자주 만들기 시작한 건 남편이 잡채를 특히 좋아하기 때문이기도 하지만, 가벼운
식사를 대신하는 안주로서의 가능성을 발견한 뒤었어요. 우리는 잡채를 반찬이라고 여기지만
뉴욕 친구들에게 만들어주면 그들은 이 음식을 팟타이나 차우멘 같이 하나의 독립된 면 요리로
받아들입니다. 이렇게 한 끼 식사로도 안주로서도 손색이 없는 잡채를 할 때면 언제나 넉넉히 만들어
두는 편이에요. 출출한 저녁에 가볍게 무언가 먹고 싶을 때, 프라이팬에 기름을 조금 두르고 휘리릭
볶아 맥주와 함께 먹으면 훌륭한 야식 겸 안주가 되거든요.

'잡채'라는 이름 자체가 이 음식을 훨씬 더 자유롭게 만들어줍니다. 어떤 재료든 사용하기
나름이니까요. 일반적인 잡채 구성을 위해 꼭 시금치, 당근과 같은 채소들에 얽매일 필요는 없어요.
냉장고에 있는 재료를 최대한 활용하면 좋아요. 채식주의를 하고 있다면 고기 없이도 담백한 잡채를
만들 수 있어요. 다양한 버섯과 양파만으로 만든 잡채는 제법 점잖은 맛이 납니다. 애호박을 당면 대신
활용해 만든 애호박 잡채는 파르스름한 빛깔과 달큼한 맛이 꼭 봄을 닮았어요. 우엉을 채 썰고 양파,
표고버섯을 더한 우엉잡채는 아삭거리는 식감 자체도 훌륭하지만 뿌리채소 특유의 향긋한 땅 내음이
매력적이에요. 그래서인지 한 잔의 술보다 철관음처럼 수색이 짙은 차 한 잔을 두고 먹고 싶게 만들죠.
이제 제게 잡채는 명절 음식이 아니라 평소에 생각나면 언제라도 냉장고에 있는 재료로 가볍게 만들어
먹는 음식이 되었습니다.

처음으로 아이에게 잡채를 만들어 주던 날의 기억이 생생해요. 아이도 과연 잡채를
좋아할지, 다양한 재료 중에서 어떤 것에 먼저 반응할지 너무 궁금했거든요. 이제는 아이가
다양한 채소를 제 마음대로 섞어 먹는 것을 지켜보는 일은 또 다른 즐거움이 되었습니다.
저를 닮아 당근을 따로 모으더니 절레절레 고개를 흔들며 먹지 않겠다는 굳은 의지에 찬
표정은 언제 봐도 질리지가 않아요. 때로는 먹고 싶은 것만 먹고 살아도 그것대로 좋은
인생이 아닌가 싶은 생각이 들고 맙니다. 잡채를 할 때면 으레 손이 많이 가지 않냐는
질문을 받곤 해요. 하지만 잡채는 생각보다 활용도가 높은 음식이에요. 다음 날 남은 잡채를
아이에게 데워 먹일 때 잘게 잘라 전분물을 풀어 볶으면 덮밥 형태로 활용할 수 있어요. 또는
잡채 재료를 따로 보관해 두었다가 김밥을 말아도 좋죠. 조금씩 변형해 다양한 음식을 만들
수 있으니 도리어 번거로움을 덜어주는 반가운 메뉴가 아닐 수 없습니다.

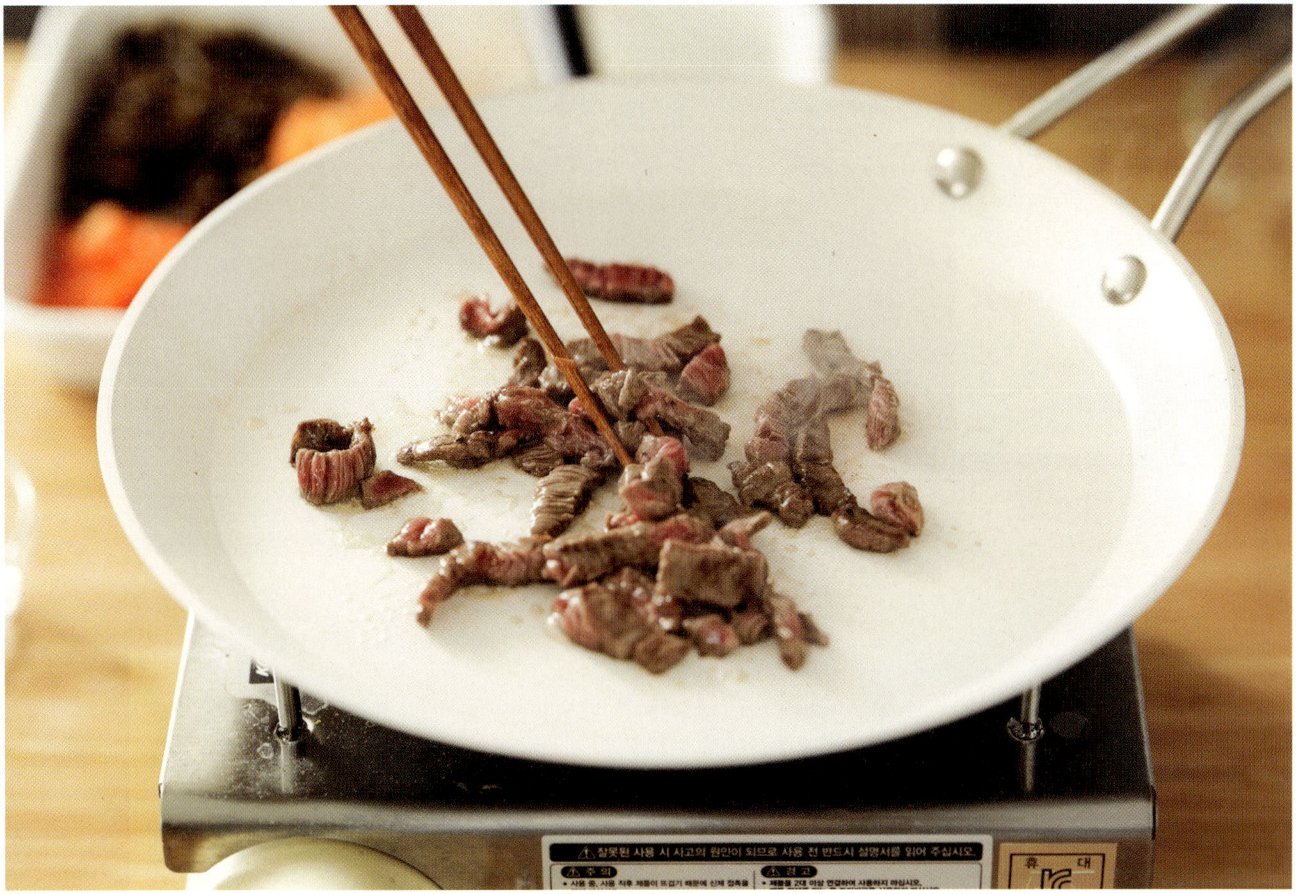
잘못된 사용 시 사고의 원인이 되므로 사용 전 반드시 설명서를 읽어 주십시오.
주의
경고

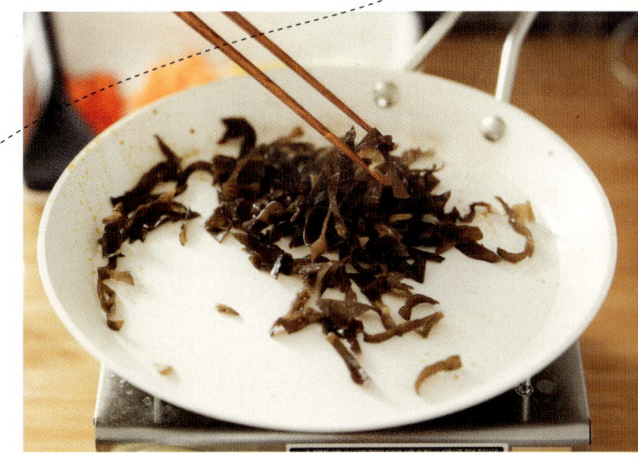

냉장
3일 보관

잡채

재료 • 아이 3회 분량

채 썬 소고기 150g, 건 목이버섯 20g,
당근 ½개, 양파 ½개,
주황·빨강 파프리카 ½개씩,
시금치 ⅓단, 간 깨 약간, 참기름 약간,
포도씨유 약간, 당면 50g

고기 양념
간 양파 1Ts, 간 배 1Ts, 다진 마늘 ½ts,
참기름 약간, 후춧가루 약간

만드는 법

① 소고기는 고기 양념 재료를 모두 넣고 버무려 냉장고에서 2시간 정도
재웁니다.

② 건 목이버섯은 미지근한 물에 불려 도톰한 귀 부분을 잘라낸 뒤 채 썹니다.

③ 당근과 양파, 파프리카는 3cm 길이로 채 썹니다.

④ 시금치는 살짝 데쳐 찬물에 헹궈 물기를 짠 뒤 간 깨와 참기름으로
무칩니다.

⑤ 달군 팬에 포도씨유를 살짝 두르고 양파 > 파프리카 > 당근 > 소고기 >
목이버섯 순으로 각각 볶습니다.

⑥ 당면은 끓는 물에 8분 정도 삶아 채반에 밭쳐 물기를 뺀 뒤 바로 포도씨유를
둘러 달군 팬에 넣어 볶아둡니다.

⑦ 볼에 모든 재료를 한 데 넣고 약간의 참기름과 방금 갈아 넣은 깨를 더해
섞어줍니다.

TIP〈 **아이에게 맞춤으로 만들어주세요**

모든 식재료는 아이의 월령에 맞춰 사용하고, 아이가 선호하는 크기와
식감에 맞춰 준비해주세요. 채소를 볶을 때는 아주 소량의 기름을
사용하고 무르게 익혀야 하는 채소에는 물을 한 두 숟가락 추가해
볶아줍니다. 파프리카는 껍질이 제법 질겨요. 월령이 낮은 아이에게
파프리카를 넣어줄 때는 껍질을 벗긴 뒤 사용하면 좋습니다.

하이난
치킨 라이스

하이난 치킨 라이스는 하이난에서 싱가포르로 이주한 중국 이민자들이 만든 음식으로
알려져 있어요. 하지만 꼭 싱가포르가 아니더라도 동남아 지역에서도 쉽게 접할 수 있는
음식입니다. 닭 육수로 밥을 짓고 삶은 닭을 올려 소스를 뿌려 먹는 간단한 요리지만, 이
심플한 한 그릇으로 닭이 가지고 있는 깊은 맛을 잘 담아내죠. 쌀알은 닭 육수로 밥을 지어
촉촉함이 살아 있고 부드럽게 씹힙니다. 이런 식감과 감칠맛 덕분에 밥을 잘 먹지 않으려는
아이들에게 추천하고 싶어요.

한때 아이가 쌀밥을 잘 먹지 않으려는 시기가 있었어요. 다양한 곡류를 권하려고 식단을
구성하는 편이지만, 아이가 매 끼니마다 쌀을 먹지 않으려는 시기가 늘어나면서 고민도
한층 깊어졌어요. 제가 한국인이라 그런 걸까요. 아이가 식사 때 반찬과 함께 먹는 밥의 맛을
깨달았으면 하는 바람이 있어요. 그렇다 보니 어떻게 하면 아이가 좀 더 쌀을 친근하게 여길
수 있을까 고민하곤 합니다. 그러다 여행지에서 먹었던 하이난 치킨 라이스가 떠올랐어요.
한 번 먹고 나서는 여행 내내 찾아 먹었었거든요. 함께 따라오는 닭 육수는 해장으로도
그만이었어요.

닭 육수의 감칠맛을 빌리고 고수의 향긋함으로 아이의 주의를 끌어봅니다. 닭 육수가
배어든 고소한 밥맛 덕분일까요? 흰쌀밥 앞에서 보이던 심드렁한 표정이 어느새 걷힌 것을
보니 말이에요. 엄마, 아빠를 위한 소스에는 매콤한 태국 고추 프릭키누를 더해보세요.
이국적인 식재료들을 손질하다 보면 잠시 여행지에 온 착각이 들곤 해요. 오늘은 태국 또는
싱가포르 어디쯤에 있다는 상상을 하다 보니, 어느새 고민도 저 멀리 사라져버렸습니다.

하이난 치킨 라이스

재료 • 어른 3인분

닭다리살 1kg, 생강 20g, 마늘 5쪽,
물 1½리터, 양파 ½개, 통후추 5~6알,
자스민쌀 2컵, 오이 1개, 고수 약간,
라임 1개, 다진 파 약간, 후춧가루 약간

프릭키누 소스

식초 3Ts, 간장 2Ts, 올리고당 2Ts,
다진 마늘 ½Ts, 다진 생강 ½Ts,
굴소스 1Ts, 잘게 썬 프릭키누 ½ts

> 프릭키누는 매콤한
> 쥐똥고추예요.
> 대신 청양고추를
> 써도 좋아요.

만드는 법

① 끓는 물에 닭다리살을 데쳐 불순물을 제거해 손질합니다.

> **TIP〈 싱크대에서 생닭을 물로 씻지 마세요**
> 생닭에 있는 세균이 싱크대에 옮겨 갈 수 있습니다. 대신 끓는 물에 한 번 데쳐 사용해
> 주세요. 교차 오염 방지를 위해 닭을 만진 뒤에는 바로 손을 씻어 주세요. 평소 육류,
> 생선류를 손질한 조리도구는 수세미를 별도로 사용하는 것이 좋습니다.

② 생강과 마늘은 잘 손질해서 쌀 조리용으로 한쪽씩 따로 모아둡니다.

③ 물 1½리터에 닭과 생강, 마늘, 양파, 통후추 대여섯 알을 넣고 끓입니다.
물이 끓으면 약불로 줄여 50분 정도 푹 삶습니다. 떠오르는 거품은 건져
제거해 주세요.

④ 닭은 접시에 옮겨 식힌 뒤 먹기 직전 적당한 크기로 썰어줍니다.

⑤ 자스민쌀에 남겨둔 마늘 1쪽과 생강 1쪽을 넣고 기름을 제거한 닭육수를
부어 밥을 짓습니다. 쌀과 닭육수의 비율은 1:1.2가 적당합니다.

⑥ 오이는 어슷하게 썰고, 고수는 한입 크기로 손질합니다. 라임도 웨지
모양으로 썰어 준비합니다.

⑦ 그릇에 밥과 닭을 얹고, 오이와 고수를 곁들입니다. 닭 육수는 따로 그릇에
담고 다진 파와 고수, 약간의 후춧가루를 넣어 곁들입니다. 취향에 따라
프릭키누 소스를 더해 먹습니다.

> **TIP〈 채소를 함께 익혀서 아이에게 주세요**
> 남은 닭 육수에 아이가 선호하는 채소를 함께 익혀주면 닭 육수의 감칠맛이 배어들어
> 좋아요. 감자 또는 애호박이 잘 어울려요.

아이와
함께하는 브런치

조금만 기다려,
아가야!

브런치는 뉴욕이라는 도시의 중요한 생활 양식 중 하나입니다. 주말 늦은 아침부터 오후까지 수많은 사람들이 집 근처 식당에서 느지막이 아침 겸 점심을 먹습니다. 금요일 밤 즐거웠던 술자리는 다음 날 아침 보드카에 토마토 주스를 섞은 '블러디 메리'라는 해장술로 자연스럽게 이어지기도 해요. 개인적으로 블러디 메리에 통후추를 잔뜩 으깨 넣은 것을 좋아해요. 매콤한 맛의 블러디 메리를 마시다 보면 흡사 얼큰한 해장국을 먹는 기분마저 들거든요.

흔히 블러디 메리와 함께 나오는 셀러리를 우적우적 씹어 먹다 보면 숙취는 어느새 자취를 감춥니다. 때로는 주말의 여유로운 시작을 알리는 듯 스파클링 와인에 오렌지 주스를 섞은 '미모사'를 마시며 낮술 아닌 낮술을 시작하기도 해요. 뉴욕의 많은 브런치 레스토랑들이 '바텀리스Bottomless(무제한) 미모사'로 손님을 끌 정도로 브런치와 칵테일은 떼어놓을 수 없어요. 그래서인지 주말이 되면 사람들의 옷차림도 가벼워질뿐더러 도시 전체가 찰나의 휴가를 즐기느라 활기를 띱니다.

꽉 들어찬 일상에 조금의 빈 공간을 마련하기 위해 브런치 메뉴는 조리법이 간단한 음식으로 채우려고 해요. 간소하지만 핵심적인 재료들을 주로 사용하는 편입니다. 달걀, 아보카도, 토마토를 중심으로 약간의 탄수화물이나 육류를 곁들이는 거죠. 주말의 느긋한 느낌을 위해 불을 쓰더라도 아주 잠깐이거나, 오븐을 활용한 음식을 만드는 편이에요. 여기에 보사노바 음악을 걸어 두면 더할 나위 없이 느긋해집니다.

아이를 뱃속에 품고 있던 시절 편두통이 정말 심했어요. 그러다 우연히 보사노바를 틀었는데 두통이 말끔히 사라지는 게 아니겠어요. 무더운 여름날, 보사노바를 들으며 뱃속의 아이와 함께 했던 기억까지 더해져 제겐 더욱 특별한 음악이 되었어요. 이렇게 브런치를 만드는 날이면 턴테이블에 보사노바를 걸어 둡니다. 아이도 옆에서 살짝살짝 리듬에 몸을 흔들어요. 그 모습을 바라보고 있으면 아무리 흐린 날도 맑게 갠 화창한 날처럼 느껴집니다.

육아는 365일, 쉴 틈 없이 돌아가죠. 누군가는 눈을 감기 직전까지 부모의 역할은 끝나지 않는다고도 해요. 주말 정도라도 잠깐 숨 돌릴 틈을 찾고 여유를 가져보면 어떨까요? 평소 좋아하는 음악을 크게 틀어 두고 말이죠. 아이의 손을 마주 잡고 추는 춤으로 시작하는 주말의 브런치가 더없이 특별해질 거예요.

멈출 수 없는 생선의 감칠맛,
냠냠 쩝쩝!

연어 시금치
프리타타

유아식으로 접어들면서 이제는 좀 더 우리의 식생활과 비슷한 음식을 소개하고 싶은
마음이 들었어요. 저는 평생 육류와 해산물 중 한쪽만 골라야 한다면 기꺼이 육류를
포기할 정도로 해산물을 즐기는 편이에요. 그렇다 보니 다양한 해산물이 아이의 식생활에
자연스럽게 녹아들기를 바랐습니다. 아이가 일주일에 두세 번 생선을 식단에 올릴 수 있는
개월 수가 되면서 좀 더 다양한 생선을 활용할 수 있게 되었어요. 다행스럽게도 아이 역시
생선을 좋아해서 생선이 식탁에 올라오는 날이면 물고기가 헤엄치는 흉내를 내며 반깁니다.

아이는 같은 형태의 음식이 반복되면 금세 지루한 표정을 지어 보여요. 구이, 찜, 국 등 다양한 형태로 생선을 주지만, 그 중에서도 아이에게 언제나 환영받는 것은 바로 이 '연어 시금치 프리타타'입니다. 이 프리타타가 식탁에 올라온 날이면 아이는 어김없이 두 손을 부딪히며 연신 "더 주세요!"라는 몸짓언어를 보내거든요. 그러니 생선만큼은 언제나 정해진 양을 주려고 하는데도 이 프리타타는 언제나 조금 더 주게 됩니다.

프리타타는 달걀을 풀고 거기에 갖은 채소, 치즈, 고기 등 여러 재료를 넣고 만드는 이탈리아식 오믈렛이에요. 만드는 방법도 간편해서 아이와 함께 먹는 브런치 메뉴로도 제격이죠. 엄마 아빠용에는 소금 또는 치즈를 취향껏 넣어 간을 더합니다. 하지만 연어와 달걀, 시금치가 한 데 모여 감칠맛을 증폭시키기 때문에 간을 많이 할 필요는 없어요. 이렇게 아이의 음식을 만들면서 다시 한번 재료가 가진 본연의 맛을 깨닫게 됩니다.

연어 시금치 프리타타

재료 • 아이 3회 분량
베이킹컵(1.9×3.5cm)

연어 100g, 데친 시금치 3Ts,
달걀 2개, 우유 1Ts, 올리브유 1Ts,
후춧가루 약간

만드는 법

① 연어는 1×1cm 크기의 작은 사각형 모양으로 썰어줍니다.

② 시금치는 끓는 물에 살짝 데친 후 잘게 썰어 준비합니다.

③ 달걀에 우유와 올리브유, 후춧가루를 넣어 푼 뒤 연어와 시금치를 넣고 섞어줍니다.

④ 베이킹컵에 ③을 ⅔정도 붓습니다.

⑤ 180도로 예열한 오븐에 넣어 20분 정도 구워냅니다. 젓가락으로 찔러 달걀물이 묻어나지 않으면 다 익은 거예요.

TIP〈 연어 대신 소고기, 닭고기, 대구살 등 다양한 재료를 활용해 보세요.

안녕? 너도 콩? 나도 콩!
콩의 이국적인 변신

후무스

후무스*Hummus*는 병아리콩을 갈아 빵이나 야채에 찍어
먹는 간단한 음식이에요. 중동과 지중해 인근의 나라에
가면 우리나라 반찬처럼 작은 접시에 담아 애피타이저
또는 간식처럼 먹는 음식을 메제*mezze*라고 부르는데,
후무스는 대표적인 메제 중 하나입니다.

아이는 콩을 무척이나 좋아해요. 그 중에서도 특히
적당히 불려 밥과 함께 지은 서리태를 잘 먹습니다. 이제는
제법 자기주장이 강해져 콩의 익힘 정도에도 선호하는
식감이 생겼어요. 이제는 적극적으로 살짝 익은 것은
딱딱하다 말하고, 그렇다고 푹 익혀주면 껍질이 겉돈다고
뱉어내요. 그러니 아이가 원하는 적당한 삶기를 맞춰
주어야 하죠. 이 지점을 바라보는 것이 제게는 언제나
흥미로워요. 이토록 섬세한 인간이라니. 어쩌면 우리
모두는 이렇게나 아주 작은 선호와 불호 사이를 거쳐
지금의 내가 된 게 아닐까요.

유달리 콩을 좋아하는 아이를 위해 평소 즐겨 먹는 완두콩이나 서리태 말고도 좀 더 다양한 콩 요리는 없을까 고민했어요. 콩에는 영유아기에 반드시 필요한 철분이 듬뿍 들어있는데, 그 중에서도 렌틸과 병아리콩의 영양이 뛰어납니다. 그래서 뒤에 소개할 '토마토소스' 레시피에도 렌틸을 사용했어요. 그렇다면 병아리콩은 어떤 방식으로 권하면 좋을지 고민하다가 이 '후무스'가 떠올랐습니다. 뉴욕에서는 후무스를 마트나 델리에서 흔히 볼 수 있는데, 사람들이 간단한 식사로 대용하기 때문이에요. 후무스를 만들고 아이가 좋아하는 채소 스틱을 함께 주거나 빵을 곁들이면 한 끼 식사로도 손색이 없어요.

현지의 후무스 맛을 내기 위해서는 껍질을 벗긴 참깨로 만든 타히니tahini 소스가 꼭 필요하지만, 집에 없다면 참깨를 살짝 볶은 뒤 믹서에 갈아 사용해 보세요. 사실 그 편이 고소함이 훨씬 뛰어납니다. 후무스를 만들 때 병아리콩의 껍질을 일일이 벗긴 뒤 갈면 그 맛이 한결 부드러워져요. 아이와 병아리콩을 사이에 두고 마주 앉아 한가로운 오후를 보내보면 어떨까요?

후무스

재료 • 3인 가족 1회 분량

마른 병아리콩 2컵, 찬물 3컵,
다진 마늘 1ts, 타히니 소스 2Ts,
레몬즙 2Ts,
엑스트라 버진 올리브오일 6Ts,
물 4Ts

양념

훈제 파프리카 가루 약간,
쿠민 가루 약간, 후춧가루 약간,
애플민트 또는 파슬리 가루 약간

만드는 법

① 병아리콩에 찬물을 넣고 5시간 이상 불립니다.

② 냄비에 불린 병아리콩과 콩 부피의 2배의 물을 넣고 중불에서 한 시간 정도 삶은 뒤 건져내 껍질을 일일이 제거합니다.

③ 병아리콩에 다진 마늘과 타히니 소스, 레몬즙, 올리브오일, 물을 넣고 믹서에 갑니다. 이때 물과 올리브오일을 조금씩 가감하여 크림 같은 질감이 되도록 점도를 맞춥니다.

④ 후무스가 부드러워지면 접시에 담고 숟가락 뒷면을 이용해 모양을 잡아줍니다.

⑤ 후무스 위에 올리브오일을 듬뿍 뿌리고 양념 재료를 살짝 뿌려 마무리합니다.

TIP

집에서 만드는 타히니
시판 타히니에는 소금이 첨가되어 있습니다. 간을 하지 않는 월령의 아이라면 직접 타히니 소스를 만들어보세요. 직접 만들고 나면 시판용에는 손이 가지 않을 거예요. 타히니 소스에는 꿀이 들어가는데, 돌이 지나지 않은 아이에게 먹일 예정이라면 생략 가능합니다.

재료

깨 ½컵, 레몬즙 2Ts, 엑스트라 버진 올리브오일 3Ts, 꿀 1ts, 물 6Ts

만드는 법

① 믹서에 모든 재료를 넣고 갈아줍니다.

② 물과 올리브오일을 가감해서 부드러운 점도를 맞춰주세요. 올리브오일을 더 넣으면 크리미해지고, 물을 추가하면 담백한 타히니 소스가 완성됩니다.

숟가락으로
푹푹 떠먹는 피자

병에 담은 피자

유아식을 만들다 보면 같은 재료를 가지고서라도
좀 더 색다른 형태는 없을까 고민하게 돼요. 그렇지
않으면 어느새 정성껏 만든 음식이 아이에게 장난감으로
전락해버릴 수 있으니까요. 아이는 아무리 좋아하는
식재료라 할지라도 매번 비슷하거나 자주 반복되면 금세
싫증을 내요.

퀴노아는 제게 익숙한 식재료가 아니다 보니 조리
방식을 다르게 하는 것에도 한계가 있었습니다.
유아식에서는 양념을 다양하게 할 수도 없으니까요.
하지만 아이들은 종종 음식을 전달하는 방식만 다르게
해도 새로운 음식으로 받아들입니다.

숟가락질을 연습하기 시작한 아이를 위해 퀴노아를
토마토소스와 함께 병에 담아 주었어요. 여기에 치즈를
올리고 바질이나 오레가노 같은 향신료를 더하면
피자 맛이 나요. 사실 이 아이디어는 프랑스 디저트
베린Verrine에서 가져왔어요. 베린은 보통 티라미수나
젤리같이 모양이 잘 잡히지 않는 음식을 유리컵에
담아내는 디저트의 한 형태예요. 이렇게 아기가 먹을
음식을 유리병 안에 쌓아 놓으면 시각적으로 전혀 다른
음식이 됩니다.

병에 담긴 피자를 본 아이의 눈에 호기심이 가득 찹니다.
아이는 서투른 숟가락질로 열심히 먹어요. 이렇게 간단히
담는 방식과 그릇을 바꿨을 뿐인데도 아이에게서 무언가
새로움을 발견했다는 표정을 읽을 수 있게 됩니다.

병에 담은 피자

재료 • 아이 1회 분량

퀴노아 ⅓컵, 물 ⅔컵,
토마토소스 ⅔컵 저녁편 레시피 153페이지 참고

양념
파르메산 치즈 또는 모짜렐라 치즈 1Ts,
바질 또는 오레가노 약간

만드는 법

① 여러 번 씻은 퀴노아와 물을 1:2 비율로
   냄비에 담고 중강불에서 20분 정도
   삶아줍니다.

② 입구가 넓은 유리병에 토마토소스를
   담고 그 위에 퀴노아 얹기를 반복해
   쌓아줍니다.

③ 파르메산 또는 모짜렐라 치즈를 맨
   위에 올리고 전자레인지 또는 오븐에
   치즈가 녹을 때까지 가열합니다.

④ 마지막으로 바질, 오레가노 등의
   허브를 얹습니다.

버섯으로 하는 피에몬테 여행

트러플 오믈렛

아이가 이유식을 시작할 무렵부터 좋아하던 식재료가 있는데, 바로 버섯이에요. 처음에는 표고버섯을 주기 시작했는데 언제 주어도 잘 먹어서 항상 구비해 두게 되었죠. 아이가 이렇게나 버섯을 좋아하니 저희 부부도 흥미로워 점점 다양한 버섯을 시도해 보게 되었어요.

그다음으로는 송이버섯 철을 맞아 봉화의 송이와 소고기를 함께 구워 주었더니, 누가 가르쳐 주지 않았는데도 송이 한 점, 고기 한 점을 번갈아 가며 먹는 게 아니겠어요? 온 가족이 함께 웃었던 기억이 납니다. 그날 먹는 속도에 맞춰 송이를 굽느라 얼마나 진땀이 났던지요. 그리고 나서는 능이버섯이었어요. 귀한 손녀가 왔다고 부모님께서 능이버섯을 가득 넣고 백숙을 끓여 주셨는데, 그 뒤로부터는 아이를 제외한 식구들은 능이버섯 향만 맡게 되었답니다.

문득 양식에서 쓰이는 버섯은 어떻게 받아들일지 궁금해졌어요. 한식에 쓰이는 버섯들처럼 맛있게 먹어줄까요? 예전에 여행했던 이탈리아 피에몬테 알바Alba에서 먹어본 트러플이 떠올랐어요. 트러플의 제철은 보통 가을이라고 알려져 있지만, 현지 사람들은 가장 가격이 비싼 가을은 그냥 넘긴다고 해요. 대신 외지인이 트러플 축제를 다녀가고 난 후 트러플의 값이 조금 떨어지는 크리스마스 때를 기다려 가족들과 풍성히 즐긴다고 합니다. 운 좋게 화이트와 블랙 트러플을 사서 포도 수확이 끝나고 한가로워진 피에몬테 밭을 한참을 거닐었어요. 숙소로 돌아와 트러플을 슥슥 갈고 와이너리에서 사 온 바롤로 와인도 한 잔 곁들였죠. 그날의 트러플 향은 언제나 코끝이 먼저 기억합니다.

여행 중이라 간단히 달걀을 프라이하고 거기에 트러플을 갈아
곁들였어요. 그날 깨달았어요. 트러플엔 반숙으로 프라이한 달걀,
거기에 약간의 소금이면 충분하다는 것을요. 심플하지만 트러플과
달걀의 조합은 실패하기 어려운 것 같아요. 아이에게도 제가 가장
좋아하는 방식으로 트러플을 맛보게 해주고 싶었어요. 하지만 아직
달걀을 반숙으로 먹는 것은 이르니 오믈렛의 형태로 완전히 익혀
주었습니다. 트러플부터 집어먹는 것을 보니 아무래도 다음 여행지는
또다시 알바가 될 것 같습니다.

트러플 오믈렛

재료 • 아이 1회분량

양송이버섯 2개, 올리브오일 약간,
페코리노 로마노 치즈 1Ts,
달걀 2개, 트러플 ⅓개, 우유 1Ts,
무염버터 약간

만드는 법

① 양송이 버섯을 잘게 다진 뒤 올리브오일을 두른 팬에 볶아 따로
빼놓습니다.

② 페코리노 로마노 치즈는 미리 갈아 준비합니다.

③ 달걀을 풀어 체에 거른 뒤 트러플 간 것 1Ts과 우유를 섞어줍니다.

④ 프라이팬에 무염버터를 녹인 뒤 달걀물을 부어서 휘젓다가, 반 정도 익으면
볶은 양송이버섯과 치즈를 넣고 모양을 잡아줍니다.

⑤ 마지막으로 트러플을 갈아 오믈렛 위에 곁들입니다.

엄마 나는 양고기가 좋아요!
뱃속에서부터 달라고 조르던 양고기

양고기 플랫브레드

영유아기에는 기본적으로 고기를 매일 섭취해야 하다 보니 조금 색다른 육류는 없을까 고민했어요. 그러다 문득 임신 때 즐겨 먹었던 양고기가 떠올랐습니다. 사실 평소에 양고기를 그다지 선호하는 편은 아니었어요. 그런데 신기하게도 임신 기간 동안에는 계속해서 킨즈 스테이크하우스 *Keens Steakhouse*의 머튼챱 *Mutton Chop*이 생각나서, 병원 진료를 마치는 날이면 꼭 들러서 먹고 오곤 했어요. 임신 중이라 굽기를 웰던으로 해야 했던 것이 아쉽긴 했지만, 입덧으로 종이 냄새조차 맡기 어려웠던 그 시절에도 민트 젤리를 곁들인 양고기를 생각하면 속이 가라앉는 것 같았죠. 어쩌면 아이도 양고기를 좋아할지도 모르겠다는 생각이 들었어요.

양고기를 조금 더 편하게 먹을 수 있도록 잘게 다져 토핑 형태로 플랫브레드 위에 피자처럼 올려 주었어요. 피자처럼 탄수화물을 '탈것 *vehicle*'삼아 재료를 운반하는 요리는 다른 나라 음식에서도 흔히 볼 수 있어요. 대표적으로 만두가 그렇고 북유럽의 오픈 샌드위치 스뫼르브로드 *Smørrebrød*도 결국 마찬가지예요. 그런 의미에서 플랫브레드는 그럴듯한 '탈 것'의 역할을 합니다.

과연 아이도 양고기를 좋아해 줄까요? 어떻게 생각해 보면 아이가 뱃속에서부터 저를 불러 스스로 찾아 먹은 음식이 아니었나 싶어요. 양고기를 맛있게 먹는 아이를 보면서 생명의 신비에 대해 다시금 떠올렸습니다. 뱃속에서부터 함께 연결되어 서로의 감각에 오롯이 귀 기울였던 매 순간들을 지나 이렇게 함께 식탁에 둘러앉아 식사를 하고 있을 때면, 온 우주가 뚜벅뚜벅 제게 걸어오는 듯한 느낌에 사로잡히곤 해요. 언젠가 킨즈 스테이크하우스의 테이블에 앉아 머튼챱을 함께 먹을 날도 오겠죠.

양고기 플랫브레드

재료 • 아이 2회 분량

다진 양파 3Ts, 다진 양고기 200g,
플랫브레드 2장, 플레인 요거트 2Ts,
생 모짜렐라 치즈 50g

양념

올리브오일 2Ts, 타임 약간, 다진 마늘 ½ts,
레몬 제스트 1ts, 레몬즙 2ts,
후춧가루 약간, 민트 약간

만드는 법

① 달군 팬에 올리브오일을 두르고 다진 양파를 볶다가 다진 양고기, 타임,
다진 마늘을 넣고 5분 정도 볶습니다. 마지막에 레몬 제스트, 레몬즙을 넣고
고루 섞어 둡니다.

② 플랫브레드에 플레인 요거트를 바른 뒤 기름을 뺀 볶은 양고기와
생 모짜렐라 치즈를 올리고 후춧가루를 약간 뿌립니다.

③ 220도로 예열한 오븐에 넣고 치즈가 녹아 살짝 노릇하게 색이 날 때까지
10분 정도 굽습니다.

④ 오븐에서 꺼내 다양한 허브를 올리고 한 김 식힌 후에 썰어 냅니다.

> **TIP** **엄마 아빠는 민트 젤리를**
> 어른이 먹기에는 조금 싱거울 수 있어요. 먹기 직전 굵은 소금과 후춧가루, 올리브유를
> 추가로 뿌리고 민트 젤리를 취향껏 곁들여 먹는 걸 추천합니다. 간을 하는 아이일
> 경우에는 양고기를 볶을 때 소금 두 꼬집 정도를 넣고 볶아주세요.

여름 한가운데
아보카? 아보카도!!

과카몰리

아이가 말을 배우기 시작하면서 아보카도를 '아보카'라고 처음 말했던 날이 생각납니다. 그 불완전함조차 어찌나 사랑스럽던지요. 그래서인지 아보카도를 볼 때면 빙긋 미소가 지어지곤 해요. 아보카도는 자기 주도 이유식을 시작했을 무렵부터 자주 사용했던 식재료 중 하나예요. 아마씨 또는 구운 견과류를 곱게 갈아서 길쭉하게 자른 아보카도를 넣고 굴린 뒤 손에 쥐여주면 아이가 잡기도 편하고 영양도 쉽게 챙길 수 있습니다.

이제는 좀 더 자란 아이에게 아보카도의 색다른 맛을
알려주고 싶었어요. 아이가 좋아하는 토마토를 잘게 자르고
다진 고수와 라임즙으로 향과 산미를 더합니다. 거기에
통곡물 식빵을 굽고 집에 있는 채소를 몇 가지 손질해요.
과카몰리 오리지널 레시피에는 멕시코 고추인 할라피뇨가
들어가지만, 청양고추를 잘게 다져 넣어도 제법 잘
어울립니다. 엄마, 아빠 용에는 다진 양파와 고추를 취향껏
넣어보세요. 무더운 어느 여름날, 불 앞에 서는 일 없이
싱그러운 채소들로 그득한 식탁에 둘러앉아보세요. 거기에
레몬 한 조각을 넣은 맥주 한 잔을 곁들이면 어떨까요?
어느덧 불어오는 선선한 바람 한 줄기가 반가워질지도
모르니까요.

냉장
2일 보관

과카몰리

재료 ● 3인 가족 1회 분량

잘 익은 아보카도 3개, 토마토 1개

양념
잘게 썬 고수 2Ts, 다진 마늘 ⅓ts,
올리브오일 1½Ts, 라임즙 1Ts,
후춧가루 약간

만드는 법

① 아보카도는 껍질과 씨를 제거한 뒤 살만 포크로 성글게 으깹니다.

② 토마토는 씨를 발라낸 뒤 잘게 썹니다.

③ 으깬 아보카도에 토마토, 고수, 다진 마늘, 올리브오일, 라임즙, 후춧가루를
넣고 섞습니다.

TIP **엄마·아빠의 맥주 안주로!**
아이 몫의 과카몰리를 덜어내 구운 식빵 또는 피타 브레드에 올려주거나 당근이나 오이
같은 채소 스틱과 함께 주세요. 엄마, 아빠가 먹을 것에는 다진 양파와 고추, 소금을
취향껏 더합니다. 바삭한 칩과 곁들이면 맥주 안주로도 그만입니다. 냉장 보관 할 경우
랩으로 감싸 공기접촉을 막아주세요. 으깬 아보카도가 살짝 갈변하더라도 섭취에 지장은
없습니다.

145

아이와
함께하는 저녁

또 주세요~

저녁엔 조리 시간이 조금 오래 걸리거나 사전에 준비가 필요한 것들을 만드는 편입니다. 마른 능이버섯처럼 반나절을 불려야 하거나 육수가 필요한 국과 조림처럼요. 아이가 성장하면서 밖에서 활동하는 양이 점점 많아지다 보니 저녁에는 단백질 함량이 높은 재료를 주로 사용합니다. 대구는 지방이 적어 담백하고 비린내가 없어 초기 이유식부터 줄곧 사용했던 생선이에요. 겨울이 제철인 대구는 아이가 감기 기운이 있을 때 끓여 먹이곤 했습니다. 아이가 생선을 좋아하다 보니 같은 재료라도 좀 더 색다른 조리법이 없는지 찾아보게 돼요. 평소 끓여주던 대구탕은 만두 형태로 빚어주고, 가자미 같은 생선도 버터와 허브의 풍미를 더해 구워 주기도 합니다.

아이에게 언제나 환영받는 능이버섯은 아이가 유독 입맛 없어 할 때 고민 없이 사용하는 식재료예요. 그러다 보니 능이버섯 철이 되면 부모님께서 귀한 손녀를 위해 버섯을 구해주세요. 그 다정한 마음을 제 두 손으로 가득 이어 받아 요리를 합니다. 그렇게 만든 음식이 아이 입에 들어가는 것을 볼 때, 음식이란 그저 먹는다는 행위 그 이상의 것이라는 생각이 들어요. 우리는 그렇게 누군가의 배려와 따뜻한 마음을 먹고 자란 걸 테니까요. 이런 마음이 들 때면 모든 재료가 더욱 귀하게 여겨집니다. 이 모든 음식이 식탁에 오르기까지 제자리에서 최선을 다하고 고민한 분들 덕분에 비로소 우리의 식탁이 풍성해질 수 있었던 거니까요. 가끔은 냉장고에서 저를 부르는 소리가 들리는 것만 같을 때가 있어요. 아차 하는 순간 냉장고의 식재료들은 쉽사리 잊히고, 세심히 챙기지 않으면 금세 시들어버리고 맙니다. 그러니 허투루 할 수 없게 돼요.

식사 때 꼭 지키는 우리집만의 문화가 있습니다. 식사 자리에서는 텔레비전을 끄고 핸드폰도 올려 두지 않아요. 요리하면서 틀어 두었던 음악조차 끕니다. 오로지 서로에게 집중하며 대화하는 습관을 들이고 싶어 결혼생활을 시작한 이래로 변함없이 지켜오고 있어요. 아이가 태어난 이후에도 마찬가지예요. 그러다 보니 저녁 식사는 다른 식사 시간 보다 길어지곤 합니다. 다음날 계획을 세우기도 하고 하루 있었던 일과에 대해 말하느라 서로 바빠지죠. 무엇보다 하루하루 늘어나는 아이의 새로운 표현들을 발견하는 기쁨이 가장 큽니다. 아이 역시 하고 싶은 말들이 가득한지 옹알옹알 말이 많아져요. 이제는 식사 시간이 되면 아이가 먼저 텔레비전이나 핸드폰을 가리키며 꺼야 한다고 말합니다. 대화를 하다 마냥 길어지는 자리에서도 아이가 제자리를 지키고 앉아 있는 모습을 볼 때면 점점 한가족이 되어가고 있음을 실감하게 됩니다. 앞으로 아이와 식탁에서 어떤 수많은 이야기를 나누게 될까요? 그런 상상을 할 때면 절로 미소가 새어 나옵니다.

쏙쏙 꺼내 먹어요

렌틸
토마토소스

아이의 음식을 만들 때 가장 먼저 떠올리는 생각은 '나라면 어떨까'예요. 하루 지나 먹으면
그 맛이 더욱 어우러지는 생선 조림이나 카레 같은 음식도 있지만 대부분의 음식은 만든
직후가 제일 맛이 좋잖아요. 어릴 때부터 갓 지은 밥, 방금 만든 국과 반찬을 좋아했습니다.
아이를 위해 소량의 음식을 매번 새로 만들어 먹이는 일은 분명 쉽진 않지만, 가능하면 제때
만든 음식으로 아이의 식사를 챙기려고 노력하는 이유예요.

하지만 그런 저만의 원칙에도 가끔은 간단히 데우는 것으로 그럴싸한 한 끼 식사를
차릴 수 있게 해줄 지원군은 필요합니다. 토마토소스는 제게 있어 그런 메뉴예요.
우리나라 사람들이 김장을 하듯 이탈리아에서는 오래 보관해두고 먹을 토마토소스를
대량으로 만든다고 해요. 그처럼 저희 집에서도 언제든 꺼내 먹을 수 있고 활용도가 높은
토마토소스를 잊지 않고 만들어 둡니다.

제목은 토마토소스인데, 레시피를 보면 재료를 모두 갈아 만든 형태가 아닌 깍둑 썰어
넣은 것을 눈치채셨을 거예요. 처음 아이에게 토마토소스를 만들어 주었을 때는 모든 재료를
잘게 다지거나 퓌레 형태로 갈아주었어요. 그러다 아이가 크면서 손으로 집어먹는 것을
좋아하는 시기가 되었을 때, 아이 아빠가 토마토소스를 만든 적이 있습니다. 그런데 제가
부탁한 대로 재료를 잘게 썰지 않고 큼직하게 썰어 만들었더라고요. 이유를 묻자 아이가
손으로 집어먹기 편하게 일부러 재료 크기를 키웠다고 말하더군요. 아이의 발달 상황을
고려해 손질을 달리한 남편의 세심함에 놀랐던 기억이 납니다. 그날 이후 우리 집에서는
토마토소스 재료들을 모두 깍둑 썰기하게 되었어요.

토마토소스를 만든 날엔 마치 김치를 담근 날처럼 마음 한편에 온기가
차올라요. 계절에 따라 쌀쌀한 가을 밤에는 육아로 지쳤던 마음에 온기를
더해줄 따뜻한 수프 형태로 내고, 한여름에는 냉장고에 차갑게 식혀 두었다가
오이와 셀러리를 곁들여 시원한 가스파초 형태로 아이와 함께 드셔 보세요.
눈 앞에 담긴 다채로운 색감으로 무더운 여름이 성큼 지나갈 테니까요.
약간의 허브와 엑스트라 버진 올리브오일, 말돈처럼 씹는 맛이 있는 소금으로
간을 하고 후추를 갈아 넣어 악센트를 더하면 금세 엄마, 아빠용 음식이
됩니다. 아이에게는 소스가 쉽게 묻는 푸실리 또는 아기 숟가락으로도
쉽게 떠지는 엘보Elbow 파스타에 버무려주세요. 포크나 젓가락질이 서툰
아이에게는 숏파스타가 도움이 돼요.

토마토소스를 넉넉히 만든 날, 아이와 함께 마주 앉아 같은 음식을 먹고
있노라니 이토록 작은 아이와 식구食口가 되었다는 것에 새삼 놀라운 마음이
들었어요. 창 틈으로 가을밤의 향기가 선선히 번지던 어느 저녁이었습니다.
이유식의 시기를 거쳐 비로소 세 식구가 똑같은 음식을 먹게 되었던 그날의
뭉클함은 여전히 생생합니다. 이 토마토소스를 만들 때면 언제나 그 날이
떠올라요. 먼 훗날 아이도 토마토소스를 함께 먹은 날의 저녁 식사를 그렇게
기억해 주었으면 좋겠습니다.

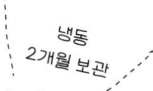

토마토소스

재료 • 아이 8회 분량

토마토 1kg, 애호박 1개, 양파 1개,
빨강 파프리카 1개, 붉은색 렌틸콩 1컵,
물 ⅓컵

양념
올리브오일 1Ts, 다진 마늘 1ts,
이탈리안 허브 믹스 1ts,
바질 2장(생략 가능)

만드는 법

① 토마토 바닥면에 십자로 칼집을 넣고 끓는 물에 1분 정도 데친 후 찬물에
바로 담가 껍질을 벗깁니다.

② 토마토 꼭지 부분의 심지를 제거한 뒤 믹서에 갈아줍니다.

③ 애호박과 양파, 파프리카는 아이의 월령에 맞춰 1×1cm 크기로 깍둑썰기
합니다.

④ 갈아 둔 토마토에 손질한 채소와 렌틸콩, 물을 넣고 중강불에서 끓입니다.

⑤ 소스가 끓으면 올리브오일과 다진 마늘, 이탈리안 허브 믹스, 바질을 넣고
중약불에서 뭉근히 저어가며 끓입니다. 렌틸콩이 완전히 익을 때까지
25~30분 정도 소요됩니다.

⑥ 한 김 식힌 후 보관용기에 담아 냉동 보관합니다.

TIP〈 **렌틸콩을 씻을 때는**
쌀이나 콩 등 건조된 곡물은 씻을 때 처음
닿는 물을 가장 많이 흡수한다고 해요. 이런
곡물을 손질하는 첫 헹굼물은 가급적 정수된
물을 사용하면 좋아요. 렌틸콩은 은근히
먼지와 이물질이 있을 수 있으니 체에 밭쳐서
흐르는 물에 여러 번 헹궈 사용하세요.

TIP〈 **토마토소스 보관**
음식을 상온에서 오래 식히지 마세요.
상온에서 미생물이 가장 빨리 증식한다고
합니다. 5분 정도 아주 뜨거운 열기만 빼고
냉장고에 넣어 한 두 시간 완전히 식힌 뒤
한번 먹을 만큼 냉동 전용 용기에 담아
얼려주세요. 토마토소스가 완전히 얼면
용기에서 빼낸 뒤 냉동 보관하면 됩니다.

능이는 다 내 거!

능이 백숙

'일능이, 이표고, 삼송이' 라는 말이 있을 정도로 향과 식감이 가장
매력적인 버섯으로 능이버섯을 꼽는 사람들이 많습니다. 부모님 댁에서
종종 능이버섯을 넣고 백숙을 끓여 먹곤 했어요. 하지만 어렸을 때는 국물이
검고 어딘가 독특한 향 때문에 그다지 즐기지는 않던 음식이었어요. 결혼을
하고 나서 사위가 능이버섯을 좋아한다는 말에 부모님은 매년 능이버섯을
챙겨주셨습니다. 그렇게 어른이 되고 나서 좀 더 친해지게 된 식재료가
능이버섯이에요. 먹는 취향이 나이가 한참 지난 뒤에 재발견되는 경우가 더러
있는데 제게는 능이가 그렇습니다.

말린 능이를 끓는 물에 살짝 데쳐 혹시 모를 불순물을 제거한 다음 전날
저녁부터 불려 부드러워진 능이를 넣고 백숙을 끓입니다. 능이버섯과 불렸던
물 외에는 아무런 재료가 필요치 않아요. 능이 자체에서 나오는 감칠맛과
향, 쫄깃쫄깃한 식감까지 더해져 능이만의 향미로움은 배가 되거든요. 능이
백숙 육수를 따로 그릇에 내어 차처럼 마시는 것은 우리집만의 능이를 즐기는
법이에요. 이 귀한 육수를 두 손에 쥐고서 흡사 차처럼 마시고 나면 입안에
능이의 음전한 맛이 가득 담기니 풍류가 무엇인지 알 것도 같아집니다.

우리집에서 이렇게 귀한 대접을 받는
능이버섯의 맛을 아이에게도 알려주고 싶었어요.
과연 아이도 좋아할까요? 아이에게 처음 권하는
음식이 우리가 특별히 좋아하는 음식일 때 아이의
반응이 더욱 궁금해집니다. 예상대로 능이버섯은
아이의 입맛에 꼭 맞았고 아이에게 능이버섯을
처음 소개한 이후로 능이버섯은 모두 아이 몫이
되어버렸어요. 아직 아이는 '능이버섯'이라고 말은
하지 못해도 그 단어를 들으면 그릇을 손에 들고
국물을 마시는 시늉을 해요. 자연스럽게 아이도
능이버섯의 매력에 푹 빠지게 된 것 같습니다.

능이 백숙이나 삼계탕을 하는 날에는 찹쌀과 멥쌀을 1:2 비율로 섞어 맑은 물이 나올 때까지 잘 씻어 불려요. 닭살을 잘게 찢고 남은 육수에 미리 남겨 두었던 능이를 잘게 썰어 넣고 죽을 끓입니다. 아이는 닭고기보다도 국물과 능이버섯을 먼저 비운 뒤 쌀알마다 은은히 버섯 향이 배인 죽을 먹고 있어요. 서투르지만 열심히 숟가락질을 시도하며 먹는 아이의 모습을 보면 어느새 시간이 이렇게 흘렀는지 실감하곤 합니다. 팔뚝만 하던 아이가 어엿하게 자라 의자에 앉아 제 몫의 음식을 먹고 있는 것을 보면 그 어떤 수고로움도 마다하지 않게 돼요. 그것이 부모의 마음이라는 것을 매일 아이를 통해 배워나갑니다.

능이 백숙

재료 • 3인 가족 1회 분량

건 능이버섯 40~50g, 생수 1½리터,
닭 1마리

만드는 법

① 끓는 물에 능이를 살짝 데쳐 불순물을 제거합니다.

② 능이에 생수를 부어 반나절 불립니다.

③ 닭은 끓는 물에 한번 데쳐 불순물을 제거합니다.

④ 능이버섯, 능이 불린 물, 손질한 닭을 넣고 중불에서 1시간 정도 끓입니다.
   이때 떠오르는 기름과 거품은 제거해 주세요.

능이죽

재료 • 3인 가족 1회 분량

찹쌀 ½컵, 멥쌀 1½컵,
남은 능이 백숙 건더기 취향껏,
능이 백숙 육수 4컵

만드는 법

① 쌀은 뿌연 쌀뜨물이 나오지 않을 때까지 씻어 불립니다.

② 닭고기는 잘게 찢고 능이버섯은 먹기 좋게 썰어 준비합니다.

③ 냄비에 불린 쌀과 육수를 1:2 비율로 넣고 닭고기와 능이버섯을 넣어서 쌀이
   퍼질 때까지 약불에서 저어가며 끓입니다.

동글동글 대구

대구
굴림만둣국

유아식을 만들다 보면 늘상 좀 더 색다른 음식은 없을까 고민하게 됩니다. 아이가 잘 먹는 재료는 한정적이고 사용할 수 있는 양념도 제한적이니까요. 매일 새로운 음식을 만들 수는 없지만 음식을 하는 사람의 입장에서도 새로운 음식을 만들거나 색다른 시도를 하면서 느끼는 재미가 있어요. 이렇듯 같은 재료라도 다른 형태의 음식으로 만들고자 하는 노력과 마음은 먹는 이에게도 오롯이 전해집니다.

대구탕의 매력은 넉넉하게 씹히는 생선살이라고
생각해요. 하지만 그 맛이 조금 단조롭기도 하죠. 이
흰 살 생선을 어떻게 변주해 볼 수 있을 지 고민하다
떠오른 것이 굴림만두예요. 대구살은 흰색이니 그 안에
초록색이나 노란색이 담기면 좋겠다 싶었고, 혹시 모를
생선의 비린내를 잡을 만한 허브를 다져 넣으면 잘
어울리겠다는 생각이 들었어요. 초봄까지도 살이 통통한
대구가 잡히고 마침 봄을 알리는 달래도 시장에 나와 함께
쓸 수 있었습니다. 달래를 다져 넣은 것만으로도 계절감이
뚜렷해져 만드는 내내 즐거웠어요. 뉴욕에서는 달래를
구할 수 없는 대신 차이브를 넣어 굴림만두를 빚습니다.
차이브는 부추와 비슷하면서 마늘과 양파의 중간 정도의
맛이 나요. 차이브 특유의 맛과 향이 대구가 가진 달큰한
맛을 끌어올리는데 도움이 됩니다.

모양과 색감이 달라지니 아이는 평소 자신이 좋아하는
생선요리인데도 먹기 전부터 탐색에 들어갑니다. 이
하얗고 동그란 음식은 무엇일까? 조심스럽게 국물을
먼저 떠서 맛보더니 이내 굴림만두를 입으로 가져갑니다.
그리고는 익숙한 맛이라는 듯 웃어 보여요. 새로운 음식에
대한 도전이 성공적이었다는 성취감으로 어느덧 아이의
얼굴에는 자신감이 가득 번집니다.

대구 굴림만둣국

재료 • 아이 3회 분량

대구살 200g,
잘게 썬 달래(또는 차이브) 2Ts,
물 1리터, 다시마(5×5cm) 2장,
양파 ½개

양념
다진 마늘 1ts, 감자 전분 ½Ts,
유기농 밀가루 적당량

간을 할 경우
반죽에 소금을 조금
넣어주세요

만드는 법

① 대구는 살만 발라 믹서기에 곱게 갈아 준비합니다.

② 대구살에 잘게 썬 달래, 다진 마늘, 감자 전분을 넣고 섞어 반죽합니다.

③ 반죽을 먹기 좋은 크기로 떼어내 둥글게 빚습니다.

④ 생선볼을 밀가루에 굴려 골고루 가루를 묻혀 굴림만두를 만듭니다.

⑤ 찜기에 김이 오르면 굴림만두를 넣고 15분 정도 중불에서 찝니다.

⑥ 물 1리터에 다시마와 양파를 넣고 중약불에서 끓입니다. 15분 뒤에 다시마를 꺼내고 떠오르는 거품을 걷어가며 15분 정도 더 끓여 다시마 국물을 냅니다.

⑦ 다시마 국물에 굴림만두를 넣고 한소끔 끓여 냅니다. 취향에 따라 달걀을 풀어 넣거나 지단을 얹어 내도 좋아요.

TIP

엄마·아빠용 대구탕은

대구는 눈이 맑고 아가미는 붉은 것이 신선합니다.
비늘이 단단하고 전체적으로 윤기나는 것을 고르세요.
엄마, 아빠가 먹을 국물에는 소금으로 간을 맞추고
취향껏 고춧가루를 더해 드세요. 생선살을 바르고 남은
대구 서덜을 넣고 끓여 대구탕으로 먹어도 좋습니다.
다시마 국물에 대구와 나박하게 썬 무를 넣고 무가
익을 때까지 끓입니다. 다진 마늘과 두부, 어슷 썬 대파,
쑥갓을 넣고 한소끔 더 끓입니다. 소금으로 간하고
고춧가루와 청양고추를 썰어 넣어 칼칼하게 맛을 냅니다.

가자미 뫼니에르

흰살 생선은 아이에게 처음으로 권하기에 부담이 적어요. 특히 가자미나 광어는 생선 특유의 향이 지배적이지 않고 식감도 부드러워 이유식에 주로 쓰이죠. 같은 흰살 생선이지만 갈치에 비해 가시를 바르기도 훨씬 더 수월해요. 동해에 가면 자연산 참 가자미를 흔히 볼 수 있어요. 동해를 여행하다 죽변항에서 우연히 건어물 가게를 발견했어요. 맥주 안주로 먹을 마른 오징어를 사러 들어갔다가 그림처럼 하얗고 반질반질하게 손질된 참가자미가 눈에 띄었습니다. 주인 노부부가 손주에게 주기 위해 손수 소금기를 뺀 뒤 집에서 말렸다고 하시더군요. 그 후 소량씩 주문해 받아 보는데요, 나이 들어 소일거리 삼아 운영하는 작은 상점이니 다른 곳에는 소문 내지 말아 달라는 부탁도 함께였습니다. 그분들의 정직한 태도에 담긴 눈빛을 물끄러미 바라보다 한국의 지역마다 이런 귀한 곳들이 얼마나 많을지 좀 더 바지런을 떨고 싶다는 마음이 들었어요.

동해에서 도착한 가자미를 어떻게 먹으면 좋을지 고민하다 프렌치 레스토랑에서 먹었던
뫼니에르가 떠올랐어요. 한국에선 워낙 선도 좋은 생선을 구하기 쉽다 보니 가자미는 조금
억울하게 과소평가된 식재료가 아닌가 싶어요. 죽변항에서 온 가자미와 강원도산 감자를
가지고 프랑스식으로 요리하니 금세 부엌의 분위기가 바뀝니다. 버터에 녹아드는 허브 향과
레몬의 산미를 더한 간단한 조리로 어느새 프렌치 요리가 완성됐어요.

가자미 뫼니에르

재료 • 아이 1회 분량

알감자 5개, 무염버터 30g, 딜 약간,
레몬 1개, 올리브 오일 약간,
가자미 140g, 파슬리 약간

만드는 법

① 감자를 삶아 한 김 식힌 뒤 먹기 좋은 크기로 썹니다.

② 약하게 달군 팬에 버터 10g와 딜을 넣고 버터가 녹으면 감자를 넣고 살짝
버무려 둡니다. 레몬즙을 살짝 뿌려 산미를 더합니다.

③ 팬에 올리브오일을 두르고 중약불에서 달군 뒤 가자미를 껍질 쪽부터 올려
굽습니다.

④ 가자미가 거의 익으면 약불로 줄인 뒤 버터 20g과 딜을 추가합니다.
팬을 기울여 녹은 버터를 가자미에 끼얹어가며 버터와 허브의 풍미를
입혀줍니다.

⑤ 접시에 감자를 담고 가자미를 얹습니다. 마지막으로 레몬즙과 다진
파슬리를 조금 더 추가해 완성합니다.

TIP **반건조 가자미는 살이 쫄깃해요**
반건조 가자미를 이용하면 살이 덜 부서져 굽기 쉽고 좀 더 쫄깃한 식감을 즐길 수
있어요. 다만 소금 함량을 확인하고 사용해 주세요. 생물은 물기를 완전히 닦아내고 굽는
것이 좋습니다.

바닷가를 여행하다 보면 이런 상점들을 종종 선물처럼 발견하게 됩니다. 마음에 드는 식료품점은 잊지 않고 명함을 챙겨둬요. 마치 지역 특산물을 수집하는 기분으로 챙겨 온 명함을 모아두는데 집으로 돌아와 보고 있으면 단숨에 마음이 풍요로워집니다. 제철이 돌아와 곳곳의 특산물을 다시 주문하는 날이면 지난 여행의 기억도 덤처럼 함께 떠올라요. 이렇게 우리 가족만의 이야기가 또 하나 더해집니다. 앞으로는 아이와 함께 찾아가게 될 맛의 기억도 늘어날테죠. 그런 날들을 상상하니 벌써 여행을 시작한 기분이 듭니다.

가을이 건네는 맛

송이버섯

외국에 살다 보면 좋아하는 음식이 한참 맛있을 제철에 한국을 방문하는 일이 그리 쉽지 않아요. 가을이면 늘 챙겨 먹던 송이버섯도 이제는 운이 좋아야 몇 년에 한 번 먹을 수 있는 음식이 되었습니다.

제게 송이버섯하면 떠오르는 기억은 언제나 아버지께서 끓여 주시던 송잇국에서 시작됩니다. 아버지의 레시피는 이렇습니다. 송이 향을 거스르지 않도록 무를 창호지처럼 얇디얇게 썰어 준비해요. 국물은 송이 향을 가리지 않도록 생수를 써도 좋고, 다시마를 한두 장 정도 넣고 끓인 국물이면 충분합니다. 거기에 송이버섯을 손으로 길쭉하게 찢어 넣고 약간의 소금간만 해서 가볍게 끓입니다. 파나 마늘은 넣지 않아요. 천장의 조명이 비칠 듯 말간 빛깔의 송잇국. 송이 향이 코 끝을 어지럽히고 버섯의 쫄깃한 식감은 더욱 두드러집니다. 송잇국을 떠올리면 언제나 쉬이 괴로워지고 맙니다.

가을이 되면 송이 향이 코끝에 아른거립니다. 어머니 고향이 경북 봉화인 덕분에 가을에는 송이버섯을 맛보곤 했어요. 송이버섯은 보통 해거리를 합니다. 어떤 해에 송이버섯이 많이 나면, 그 다음 해에는 먹기가 힘들어져요. 봉화산 송이버섯이 귀해지면 경동 시장에 가서 적당한 등급의 송이를 사다 먹곤 했습니다. 사실 송이버섯 향은 등급과는 큰 상관이 없어요. 선물용이라면 갓이 피기 직전의 모양이 고른 버섯을 고르지만, 향을 즐기기에는 등급이 낮아도 충분합니다. 갓이 핀 송이버섯은 비교적 비싸지 않아 조금 더 편하게 먹을 수 있어요. 거칠게 찢어서 소주에 담가 송이주를 만들어 먹기에도 그만입니다.

한번은 부모님께서 가을에 한국으로 출장을 갔던 남편 편으로 송이버섯을 보내주셨어요. 아버지께서 일일이 손질한 단정한 매무새의 송이를 받아 들고서 한참을 그대로 서있었습니다. 그날 저녁 곧바로 소고기를 사다 송이와 구워 위스키와 함께 먹었어요. 그 가을날의 저녁 식사를 여전히 잊지 못합니다. 처음 술을 배운 건 아버지로부터였어요. 바로 위스키였죠. 위안이 필요한 날, 마음이 고단한 야심한 밤에 찾게 되는 한 잔의 위스키는 아버지가 제게 건네는 무언의 위로와도 같습니다. 언젠가 아이에게도 위스키를 곁들여 구워 먹는 송이의 맛을 전해줄 수 있다면 좋겠어요.

한국은 주로 겨울에 찾곤 했습니다. 태어난 지 백일 남짓 지난 아이와 함께 한국에서 겨울을 보내고 뉴욕으로 돌아와 지내던 어느 날, 어머니의 한마디에 여름 한국행이 결정되었습니다. 아이가 놀다 남기고 간 창문의 손자국조차도 아까워 닦아내지 못하고 계시다는 말, 그 손자국에 살포시 자신의 손을 가져가 그리움을 달래고는 하신다는 이야기에 조금 무리해서라도 가족과 함께 시간을 갖기로 결정했습니다. 그렇게 결정된 여름날의 한국행에서 아이는 한국이 지닌 여름의 빛깔을 맛보았어요.

아버지께서는 아이가 유아식을 시작하고 먹을 수 있는 음식의 종류가 다양해지자 새벽시장에서 갖은 식재료를 손수 사다 나르기 시작하셨어요. 장마로 한없이 내리는 폭우 속에서도 어김없이 새벽장을 나가셨습니다. 가까운 곳에서 장을 보면 될 텐데 왜 그리 고생하시냐 물으면 가장 신선하고 질 좋은 것을 손녀에게 주고 싶다 하셨어요. 연세가 있으신 부모님께 부담이 되지 않을까 내심 걱정스러운 마음을 비추면 손녀 덕에 식탁이 풍요로워지니 얼마나 좋으냐며 웃어 보이셨어요. 내가 아는 가장 좋은 맛을 주고 싶은 것. 그것이 사랑이 아니면 무엇일까요. 음식이 식기 전 가장 맛있을 때 자식에게 먹이기 위해 수 없이 불렀던 우리의 이름. "○○야, 밥 먹어라." 이처럼 다정한 말이 또 어디 있을까요.

가족과 함께 보낸 시간은 풍요로움 그 자체였습니다. 아이와 함께 제 기억 속 여름의 맛을 함께 나눌 수 있어 더없이 행복했어요. 그러다 뉴욕으로 돌아갈 일정을 조금 늦추게 되는 계기가 생겼습니다. 송이버섯은 해마다 기후에 따라 나오는 시기가 조금 빠르거나 늦어지기도 하는데, 마침 송이가 보인다는 연락을 받았기 때문이었어요. 아버지는 버섯을 좋아하는 손녀를 위해 제철 송이 맛을 꼭 맛 보여주고 싶어 하셨어요.

그리고는 송이를 언제 받을 수 있는지 지인에게 수시로 확인하셨어요. 이 참에 송이버섯까지 먹여 보냈으면 하는 부모님의 마음까지 더해져 운이 좋게도 좀 더 머무를 수 있게 되었습니다.

과연 아이가 송이버섯을 좋아할까요? 너무나 궁금했어요. 불판에 불을 피우고 한우와 송이버섯을 굽기 시작했습니다. 아이는 송이버섯을 한 점 맛보더니 누가 가르친 적도 없는데 어느새 송이 한 점, 고기 한 점을 번갈아 가며 먹기 시작하는 게 아니겠어요. 그러더니 버섯을 더 달라고 손가락으로 빈 그릇을 가리키며 "또, 또 또!"라고 연신 말했습니다. 어찌나 성화이던지 굽기를 담당하시던 아버지께서 진땀을 빼고, 그 바람에 온 가족이 한바탕 웃음바다가 되었어요. 흔치 않은 기회였기에 아이에게 다양한 송이의 맛을 기억하게 해주고 싶었어요. 송이를 조금 남겨두었다가 밥을 짓고 송잇국을 끓여주었습니다. 아무래도 다음 해부터는 더 풍족한 양의 송이버섯을 구해야 할 것 같습니다. 아버지의 말씀처럼 아이 덕분에 우리 모두의 식탁은 그 어느 때보다도 풍요롭습니다.

아이와
함께하는 술자리

짠!

이유식을 하다 보면 정체기가 찾아옵니다. 유아식도 마찬가지예요. 평소 맛있게 잘 먹던 음식을 갑자기 거부하거나 양이 확 줄거나, 먹지는 않고 음식을 가지고 장난만 쳐서 속을 태우기도 하죠. 여러 이유와 원인이 있겠지만 아이마다 제 속도에 맞춰 성장하느라 그렇다고 하니 자연스러운 과정이라고 볼 수 있어요. 모든 아이들이 이런 시기를 겪는다는 것을 알고 있음에도 음식을 만드는 사람 입장에서 기운이 빠지는 것은 어쩔 수 없습니다. 처음에는 아이가 남긴 음식을 버리는 것이 아까워 먹어 보기도 했어요. 하지만 남겨진 음식을 먹다 보면 어쩐지 내 몸을 제대로 돌보지 못하고 있는 것 같은 생각에 속상함이 배가 되곤 했습니다. 고민한 끝에 엄마, 아빠도 맛있게 먹을 수 있는 유아식을 만들어 함께 먹으면 어떨까 싶었습니다. 심지어 식사뿐만 아니라 안주도 유아식이 될 수 있지 않을까 고민했어요. 그렇게 가족이 같은 메뉴로 식사를 하게 되니 아이가 덜 먹는 날이더라도 엄마, 아빠만이라도 즐겁게 식사를 마칠 수 있게 되었습니다.

식탁에서 엄마, 아빠가 식사를 즐기는 모습을 본 아이는 먹는 데 더욱 흥미를 갖게 됩니다. 아이는 엄마, 아빠가 먹는 음식이 무엇인지 궁금해하고 그 모습을 그대로 모방하죠. 함께 식탁에 앉은 가족이 자신과 같은 음식을 먹고 있다는 것을 알아차린 아이는 두 배로 신나 합니다. 엄마, 아빠가 자신의 것보다 더 흥미로운 음식을 먹고 있는 게 아닐까 하는 의구심과 너무 많은 제한에 아이는 종종 토라져 먹지 않겠다고 떼를 쓰기도 하니까요. 그래서 함께 먹을 수 있는 음식을 만들기 시작했어요.

평소 먹던 안주를 떠올리다 아이와 함께 먹으면 좋을 메뉴가 뭐가 있을지 생각해 봤어요. 술자리 하면 따뜻한 국물이나 방금 부친 전이 생각납니다. 어복쟁반에 한 잔의 소주를 기울일 생각을 하다 보면 찬 바람이 반가워져요. 갓 부쳐낸 생선전은 말할 것도 없죠. 아이는 고소한 전 부치는 냄새가 나면 부엌으로 들어와 안아 달라고 보챕니다. 온 가족이 해산물을 좋아하다 보니 해산물이 담뿍 들어간 부이야베스는 모두가 만족하는 술안주이자 유아식이에요. 랍스터 롤에 맥주 한 잔을 곁들여 먹다 보면 올해 한국 방문은 꽃게 철로 할까 진지하게 고민을 해보기도 합니다. 버섯을 좋아하는 아이 덕에 즐겨 먹게 된 버섯 오븐구이는 아직 해가 길게 남아있는 여름 저녁의 여운을 즐기기에 부족함이 없어요. 바삭한 식감이 살아있는 구운 버섯에 화이트 와인을 곁들여 먹다 보면 가을이 더욱 기다려집니다. 아이가 잠든 뒤의 한가로운 술자리도 좋지만, 오늘은 아이도 엄마, 아빠의 가벼운 술자리에 초대해 두런두런 이야기를 나눠보면 어떨까요? 평소보다 더 신이 나는 건 부모뿐만은 아닐 거예요.

짠, 짠!
다같이 건배!

부이야베스

부이야베스는 프랑스 남부 마르세유 지방의 전통 음식이에요. 갖은 어패류와 갑각류에
각종 허브와 향신료를 더하고 토마토, 감자, 양파 등을 넣어 끓여 낸 요리죠. 본래
부이야베스는 어부들이 팔다 남은 생선을 한 데 모아 바닷물에 끓여 먹던 음식에서
유래되었다고 해요. 토마토 베이스로 양념을 했다는 것만 다를 뿐 기본적으로 한국의
해물탕에 가까운 음식이라고 볼 수 있어요.

부이야베스를 처음 맛봤던 곳은 뉴욕의 한 해산물 레스토랑이었어요. 날이 쌀쌀한 겨울
저녁이었는데, 김이 모락모락 나는 부이야베스가 서빙되었을 때 자연스레 국물부터 손이
갔어요. 어째서였는지 한식에서 느낄 법한 푸근한 정감 같은 것이 전해지던 음식이었어요.
게다가 그리웠던 해산물이 그득해서 그날의 술자리가 길어졌던 기억이 납니다.

　미국 동부 지방의 유독 긴 겨울 탓인지 날이 조금 쌀쌀해지면
자연스럽게 부이야베스가 떠올라요. 부이야베스에는 다양한
조개가 들어가는데 이 참에 아이에게 조갯살의 쫄깃함을
맛보여주면 좋겠다 싶었어요. 게다가 아이가 평소 토마토를 잘
먹으니 익숙하게 받아들일 수 있을 것 같았죠. 토마토와 펜넬,
각종 해산물을 베이스로 우려낸 육수는 다채로운 감칠맛이
폭발해요. 대신 아기와 함께 먹을 것이기에 해산물은 얼음물에
담가 소금기를 빼서 준비합니다. 그럼에도 국물에는 여전히
갓은 바다의 맛이 가득 배어 있어요. 큰 솥에 뭉근히 끓여
아이에게는 부드러운 생선살과 새우, 조갯살을 발라주고
엄마, 아빠는 루아르 지방의 드라이한 화이트 와인인
상세르Sancerre나 상큼한 펫낫Pet-Nat과 함께 드셔 보세요.
토마토 국물에 렌틸이 함유된 숏파스타를 삶아 곁들이면
유아식으로도 손색이 없어요. 이런 관점에서 부이야베스는
완벽한 유아식이자 와인 안주가 되어줍니다. 오늘 저녁엔
아이와 함께 잔을 부딪히며 하루를 마무리해 보면 어떨까요?

부이야베스

재료 • 3인 가족 2회 분량

랍스터 1마리, 홍합 500g,
백합(또는 모시조개) 200g,
흰살 생선(대구, 광어, 농어 등) 400g,
물 1리터, 마늘 3쪽, 토마토 4개,
감자 1개, 펜넬 1개, 양파 1개,
대파 흰 부분 10cm, 관자 4개

양념

올리브오일 3Ts, 월계수 잎 1장,
다진 마늘 ½Ts, 오렌지 껍질 약간,
셀러리 7cm, 파슬리 약간, 후춧가루 약간

만드는 법

① 얼음물에 랍스터를 담가 소금기를 뺍니다. 조개류는 따로 해감하고,
   생선살은 먹기 좋은 크기(사방 5~6cm)로 잘라 준비합니다.

② 물 1리터에 홍합과 통마늘 3쪽을 넣고 중불에서 30분간 끓여 육수를 냅니다.
   떠오르는 거품은 제거해주세요.

③ 토마토를 끓는 물에 데쳐 찬물에 담가 껍질을 벗긴 뒤 성글게 다집니다.
   감자도 사방 0.5cm 크기로 깍둑 썰고 펜넬, 양파, 대파는 채 썰어
   준비합니다.

④ 팬에 올리브오일을 두르고 펜넬, 양파, 대파를 넣고 숨이 죽을 때까지
   약불에서 볶습니다.

⑤ 토마토, 감자, 월계수 잎, 다진 마늘, 오렌지 껍질(손가락 두 마디 정도의
   크기), 셀러리를 넣고 중불에서 10분 정도 끓입니다.

⑥ 생선살, 조개, 랍스터, 관자를 넣고 뜨거운 물 2컵과 홍합 육수 2컵을 붓고
   뚜껑을 연 채로 중 약불에서 30~40분 정도 떠오르는 거품을 중간중간
   걷어가며 끓입니다.

⑦ 그릇에 담고 파슬리를 다져 올리고 후춧가루를 뿌려 완성합니다.

> **TIP 펜넬 손질법**
> 펜넬은 모든 부분을 먹을 수 있습니다. 멍든 부분이 있다면 필러로 가볍게 벗겨내세요.
> 그 다음 구근의 밑동을 잘라낸 뒤 줄기와 잎을 분리합니다. 구근을 반으로 잘라 심지를
> 제거하고 원하는 크기로 썰어주세요. 만약 작은 크기의 펜넬이라면 심지가 질기지
> 않으니 따로 제거하지 않고 먹어도 괜찮아요. 남은 펜넬이 있다면 비네그레트 드레싱을
> 곁들여 샐러드로 드셔 보세요. 펜넬의 잎도 허브처럼 자유롭게 활용할 수 있습니다.

술자리가
익어가는 겨울

어복쟁반

185

　찬바람이 불고 외투를 꺼내 입어야 하는 계절이
다가오면 보글보글 끓여 먹는 전골 요리가 떠올라요.
어복쟁반은 소의 각종 특수 부위와 다양한 채소를 한 데
넣고 끓여 먹는 평양의 향토음식입니다. 양지와 사태
부위를 기본으로 유통, 지라, 우설 등의 특수 부위를
더해 먹어요. 평양 우시장 한구석에서 상인들이 모여

편하게 먹던 소탈한 음식이니 격식에 구애받지 않고
여러 부위를 시도하기에 좋습니다. 평소 선호하는 다양한
채소를 추가하고 겨울에 향이 가장 좋은 메밀면까지 함께
먹는다면 더없이 완벽한 식사 겸 술안주가 됩니다.

　어복쟁반은 유독 버섯을 좋아하는 아이에게 다양한

종류의 버섯과 채소를 권할 수 있어 술안주 겸 유아식으로 종종 만들어요. 게다가 고기를 푹 삶아 식감이 부드러워 아이가 먹기에도 부담이 적습니다. 다양한 부위의 소고기를 한자리에서 먹여보면서 아이가 어떤 부위를 선호하는지 발견하는 재미도 있어요. 함께 둘러앉아 두런두런 이야기를 나누다 보면 채수와 고기 육수가 한 데 어우러져 처음보다 깊은 맛의 국물이 완성됩니다. 식사의 마무리로 메밀면을 넣거나 칼국수 면을 넣어도 좋아요. 또는 아이가 먹기 편한 소면을 넣거나 밥을 넣어 간단히 죽을 끓여도 잘 어울립니다. 그렇게 안주와 식사가 물 흐르듯 이어지고, 깊어가는 계절만큼이나 우리의 이야기도 무르익습니다.

냉장
3일 보관

어복쟁반

재료 • 3인 가족 2회 분량

양지 400g, 사태 400g, 부챗살 400g,
물 1½리터, 양파 1개, 대파 1대,
마늘 6쪽, 생강 10g, 통후추 10알,
청주 1Ts

곁들임 채소
깻잎 1묶음, 쑥갓 200g,
표고·새송이·만가닥 등 각종 버섯

만드는 법

① 끓는 물에 소고기를 1~2분 정도 살짝 데치고 건져 불순물을 제거합니다.

② 냄비에 물을 붓고 양파, 대파, 마늘, 생강, 통후추를 넣고 끓으면 데친
소고기를 넣습니다.

③ 육수가 끓기 시작하면 청주를 넣고 뚜껑을 연 채로 중약불에서 15분 정도
끓입니다. 이때 떠오르는 불순물과 기름은 걷어주세요.

④ 다시 뚜껑을 닫고 약불에서 1시간 정도 뭉근히 끓인 뒤, 불을 끄고 그대로
10분 정도 뜸을 들입니다.

⑤ 고기는 건져 식히고 육수는 체에 걸러 준비합니다.

⑥ 각종 채소와 버섯을 먹기 좋은 크기로 손질합니다. 고기는 얇게 썰어요.

⑦ 전골 냄비에 쑥갓을 깔고 고기를 얹습니다. 준비한 곁들임 채소를
사이사이에 보기 좋게 담고 육수를 부어 끓여가며 먹습니다.

| TIP | 어복쟁반은 육향을 즐기는 음식이에요 |

다양한 소고기 부위를 추가해보세요.
유통에서는 미세한 치즈 맛을 느낄 수 있고
힘줄을 넣으면 쫄깃한 식감을 즐길 수 있어요.
어복쟁반은 육향을 즐기는 음식이니 물에 담가
핏물을 제거하는 것보다는 살짝 데치듯 삶아
잡내만 잡아주세요. 고기는 부드러운 육질을
위해 약불에서 오랜 시간 삶아주세요. 이때
육수의 양이 줄어들면 고기가 잠길 정도의
물을 중간중간 보충해 주세요.

| TIP | 엄마·아빠용 초간장 |

육수가 완전히 우러나면 간을 보세요. 고기
자체의 감칠맛이 뛰어나 간이 필요 없을
거예요. 필요시 천일염으로 부족한 간을 약간만
더해주세요. 처음부터 고기에 간을 해서 끓이면
고기가 질겨지니 주의해 주세요. 엄마, 아빠는
초간장을 곁들여 드시면 좋습니다.

초간장
고기 육수 1Ts, 저염간장 1Ts, 식초 ½Ts,
다진 마늘 ½Ts, 다진 파 ½Ts, 연겨자 ½Ts

계절의 첫 신호,
파머스 마켓

버섯구이

뉴욕 유니언 스퀘어에서는 일주일에 네 번, 파머스 마켓이 열려요. 농부들이 뉴욕 인근 농장에서 직접 기른 과일과 채소들을 가지고 한자리에 모입니다. 일반 식료품점에서 쉽게 구할 수 없는 다양한 구성의 제철 식재료 덕분에 뉴욕의 많은 셰프들의 사랑을 받는 시장이기도 해요. 뉴욕에서 계절을 가장 잘 느낄 수 있는 곳을 제게 꼽으라고 한다면 아마도 이 시장을 고를 거예요.

봄이 되면 마켓엔 램프와 아스파라거스, 아루굴라, 햇파 등 신록과도 닮은 빛깔의 채소들로 가득 채워져요. 여름엔 각종 베리류와 복숭아, 바질 등의 향이 뒤섞여 마켓 한가운데에 서 있으면 달콤한 향에 그만 눈이 스르륵 감깁니다. 가을에는 형형색색의 고추들과 함께 온갖 종류의 버섯들이 쏟아져 나와요. 겨울엔 비트, 겨울 호박, 무, 양배추가 제철을 맞아 더욱 달고 맛있어지니 듬성듬성 썰어 넣고 채소 수프를 만들어 먹고 싶어집니다.

그 중에서도 버섯을 좋아하는 아이 덕분에 마켓에 들를 때면 자연스레 버섯 매장에서 발걸음이 멈춰섭니다. 버섯이 가진 특징에 따라 달리 요리해도 좋지만 때로는 모두 펼쳐 놓고 다양한 맛을 즐기고 싶을 때도 있어요. 그럴 때는 풍성하게 담아 간단히 오븐구이를 하는 것만으로도 그럴듯한 버섯 요리가 완성됩니다. 팬에 볶는 요리법은 버섯의 수분 때문에 단조로운 식감이 되기 쉬워요. 버섯을 오븐에서 천천히 구우면 겉은 바삭하고 속은 촉촉하면서 채즙을 그대로 간직한 맛을 낼 수 있습니다. 중간중간 오븐을 열어 버섯에서 나오는 채즙을 따로 담아 두었다가 샐러드 드레싱을 만들 때 활용하거나 수프나 리소토를 만들 때 향신료처럼 쓰면 음식의 맛을 한층 돋울 수 있어요. 엄마, 아빠는 약간의 소금을 뿌려 먹거나 가염 버터를 조금 더해도 좋지만, 사실상 버섯이 가지고 있는 감칠맛이 응축되어 있어 그대로 먹어도 충분해요.

한국에서 지낼 때면 종종 재래시장을 둘러봅니다. 지난겨울에는 섬초 한 박스가 오천 원이라는 가격을 보고 입이 다물어지지 않았어요. 말끔한 은빛으로 가득 찬 생선가게에서는 자연스레 오늘은 어떤 생선이 물이 좋은지 보게 됩니다. 풍성히 쌓여 다채로운 빛깔과 향으로 매혹하는 과일 가게는 그냥 지나칠 수 없죠. 물론 떡볶이, 순대, 어묵 국물도요. 상인분들의 단정한 손끝에서 다듬어진 시장 한복판을 걷다 보면 저절로 생기를 얻습니다. 그 덕분에 어느 동네이든 약속 장소가 정해지면 근처에 시장이 있는지 찾아보곤 해요. 여전히 서울에는 지역 곳곳에 재래시장들이 많이 남아 있는 편입니다. 어쩌면 오늘, 아이와 함께 재래시장에 가보는 건 어떨까요? 활기를 띠고 있는 시장길을 걷다 보면 모두의 환영 속에서 어느새 아이는 한 뼘 더 자라있을 테니까요.

버섯구이

재료 • 3인 가족 1회 분량

각종 버섯(잎새버섯, 느타리버섯, 표고버섯 등) 400g

양념
엑스트라 버진 올리브오일 3Ts, 후춧가루 약간, 타임 약간,
무염버터 1½Ts, 파슬리 약간

만드는 법

① 버섯은 살짝 젖은 천으로 먼지를 털어내듯
   닦아줍니다.

② 버섯에 올리브오일 1Ts과 후춧가루, 타임을 뿌려
   190도로 예열한 오븐에 넣어 15분간 굽습니다.

③ 트레이를 꺼내 버섯에서 나온 채즙을 따로 옮겨
   담고 오븐에 다시 넣어 30~40분간 굽습니다.
   버섯의 종류나 양에 따라 굽는 시간을 가감해
   주세요.

④ 무염버터를 잘게 잘라 버섯 위에 골고루 올려 5분
   정도 추가로 더 굽습니다.

⑤ 마지막에 다진 파슬리와 남은 엑스트라 버진
   올리브오일을 끼얹습니다.

TIP < **버섯의 채즙은 감칠맛이 좋아요**
버섯을 구우면 빠져나오는 채즙은 감칠맛이 뛰어나요.
리소토, 스튜, 샐러드 드레싱 등 다양한 요리에 활용
가능합니다. 냉장고에서 5일 정도 보관 가능해요.

부슬부슬 지글지글

모듬전
새우 연근전 | 감자 고기전 | 대구전

비 오는 날 술자리에 갓 부쳐낸 전만큼 매력적인 안주가 또 있을까요. 비는 부러 준비할
수 있는 술안주 아니니 창밖에 비 내리는 풍경을 두고 그냥 지나치는 것은 반칙이죠.
갑작스럽게 내리는 비라면 제일 만만한 것이 김치전이지만, 요즘은 아이와 하루에도 두세
번씩 외출을 하다 보니 수시로 일기예보를 확인하는 습관이 생겼습니다. 그러다 보면 비
오는 날 미리 안주를 준비하고 있는 스스로의 부지런한 모습을 발견하게 돼요. 반칙은 있을
수 없으니까요! 실없는 농담을 주고받으며 계절에 어울리는 전감을 찾아봅니다.

집집마다 잘 만드는 전이 있을 거예요. 저희 집에서는 손님을 초대하는 날이면 곧잘 새우
연근전을 준비합니다. 연근과 새우를 블렌더 대신 칼로 성글게 다져 부치면 색다른 식감에
모두들 반가워하는 술안주가 되거든요.

아이는 평소 감자를 잘 먹지 않습니다. 그래서 어떻게 하면 감자에 관심을 갖게 할까
고민하다 전을 부쳐주면 어떨까 싶었어요. 그러다 만들게 된 것이 '감자 고기전'이에요.
시금치를 다져 색감을 더하고 볶은 고기를 넣어 식감을 살렸어요. 소량의 기름을 두르고
감자의 겉면을 바삭하게 구워 주었더니 야무지게 먹어주었습니다. 감자가 품고 있는 땅의 흙
내음과 포슬포슬한 식감의 매력을 언젠가 깨닫게 될 날이 오겠지요.

아이는 생선을 좋아해 그냥 구워 줘도 잘 먹지만 노란 달걀물을 입혀 전으로 부쳐주면 이 또한 반깁니다. 어떤 생선이든 노릇하게 부쳐주면 그 자리에서 순식간에 동이 나버리고 말아요. 지난여름 한국에 갔을 때는 민어전을 부쳐 주었더니 손뼉을 치며 엉덩이춤을 추는 아이의 모습을 눈에 담을 수 있었습니다. 이 글을 쓰는 순간에도 저 역시 민어전의 식감이 생각나 금세 괴로워집니다. 지금 창밖에는 마침맞게 초여름 단비가 내리고 있어요. 비가 말을 걸어오니 오늘 저녁엔 역시 전을 부쳐야겠습니다. 어울리는 술은 뭐가 있을까, 즐거운 고민과 함께 말이에요.

새우 연근전

재료 • 3인 가족 1회 분량

연근 100g, 식초 약간, 새우살 80g, 밀가루 1Ts, 달걀 1개,
포도씨유 약간

만드는 법

① 연근은 흐르는 물에 깨끗이 씻어 얇게 썹니다. 물에
   담가 식초를 한두 숟가락 넣고 10분 정도 둡니다.

② 끓는 물에 연근을 넣어 1분 정도 살짝 데친 뒤
   흐르는 물에 한 번 더 헹굽니다.

③ 손질한 연근은 잘게 다지고 새우살도 성글게
   다집니다.

④ 그릇에 연근과 새우, 밀가루, 달걀을 넣고 섞어
   반죽합니다. 반죽이 뻑뻑하면 물을 한 숟가락
   추가하고, 담백한 맛을 원한다면 달걀 대신 물
   3~4Ts로 농도를 맞추면 됩니다.

⑤ 한입 크기로 둥글 납작하게 모양을 잡아 빚습니다.

⑥ 달군 프라이팬에 포도씨유를 두르고 새우 연근전을
   올려 중약불에서 노릇하게 부칩니다.

감자 고기전

재료 • 3인 가족 1회 분량

감자 200g, 데친 시금치 40g, 소고기 80g, 양파 ¼개,
포도씨유 약간, 다진 마늘 ½ts, 밀가루 1½Ts

만드는 법

① 감자는 삶아서 으깨고, 데친 시금치는 물기를 꼭 짠
   뒤 잘게 썰어 준비합니다.

② 소고기는 잘게 썰고, 양파도 잘게 다져서
   준비합니다.

③ 프라이팬에 포도씨유를 조금만 두르고 다진 양파와
   다진 마늘을 볶아 향을 낸 뒤, 잘게 썬 소고기를
   넣어 볶습니다.

④ 볼에 감자, 시금치, 볶은 소고기, 밀가루를 넣고
   섞어 반죽합니다.

⑤ 둥글납작하게 모양을 잡아 빚습니다.

⑥ 달군 프라이팬에 포도씨유를 두르고 중약불에서
   노릇하게 부칩니다. 재료들이 이미 다 익었기
   때문에 노릇한 색이 나면 꺼내주세요.

TIP

전을 부칠 때

간을 하는 아이라면 밀가루 대신 부침가루를 사용해도 좋아요.
새우 연근전과 대구전에는 소금을 한두 꼬집 뿌려 간을 하고, 감자
고기전은 고기를 볶을 때 간장 ⅓ts를 넣어주세요. 전을 부칠 때
달걀 노른자를 한 두 개 더하면 샛노란 색감을 살릴 수 있어요.
기름은 아주 소량 사용하고 팬을 자주 닦아가며 부쳐주세요. 엄마,
아빠는 달래를 넣은 간장이나 초간장(간장 1Ts, 식초 ½Ts, 다진
청양고추 약간 또는 다진 마늘)을 곁들여 드세요.

대구전

재료 • 3인 가족 1회 분량

대구 전감 200g, 후춧가루 약간, 밀가루 약간, 달걀 2개,
포도씨유 약간

만드는 법

① 대구 전감에 후춧가루를 뿌려 밑간을 한 뒤 앞뒤로
   밀가루를 살짝 묻힌 뒤 털어냅니다.

② 달걀을 풀어 준비합니다.

③ 대구살을 달걀물에 담가 옷을 입힌 뒤 소량의
   포도씨유를 두른 팬에 올려 노릇하게 부칩니다.
   중약불에서 앞뒤로 뒤집어 가며 익혀요.

랍스터롤

한국의 꽃게를 정말 사랑해요. 여행을 다니면서 여러 나라의 다양한 게를 먹어봤지만 꽃게만큼 감칠맛과 향이 강한 게는 쉽게 찾을 수 없었습니다. 게는 그냥 쪄도 맛있고 탕으로 끓여도 훌륭하죠. 양념 게장이나 간장 게장을 눈앞에 두고 있으면 여간해선 심각해지기 어려워요. 인생이 금세 단순한 모양새가 되고 맙니다. 꽉 찬 게살이 입안에 들어와 흩어지며 내는 특유의 달큰함과 감칠맛은 언제 먹어도 웃음이 새어 나오고 맙니다.

중학생 때였어요. 어느 이른 새벽에 아버지가 저를 깨웠던 기억이 있습니다.
지금 꽃게가 살아있어 금방 찔 테니 한 입이라도 먹고 자라는 거예요. 꽃게는
다리가 떨어지면 맛이 떨어지니 살아있을 때 쪄야 한다고요. 그때도 아침잠이
많던 때였지만 '꽃게'라는 말에 두 눈이 번쩍 뜨였습니다. 아버지는 딸에게
서산에서 올라 온 싱싱한 꽃게가 가장 신선할 때 먹이고 싶어 하셨어요.
어머니는 잠에서 막 깨 어리둥절한 표정으로 꽃게를 찌시면서도 싫은 내색 하나
없으셨어요. 오히려 먹는데 진심인 저 부녀를 어쩌면 좋을까 웃으셨던 기억이
납니다. 그날의 꽃게 맛을 여전히 기억해요. 어떤 음식이든 가장 맛이 좋을 때,
자식이 먹었으면 하는 아버지의 깊은 다정함까지도 말이에요.

사실 꽃게찜을 좋아하는 이유는, 아버지 옆에 나란히 앉아 아버지가 손질해
주는 꽃게를 받아먹고 싶어서였는지도 몰라요. 갓 쪄낸 김이 모락모락 나는
꽃게를 아버지는 뜨거운 기색 하나 없이 손에 들고서 가위로 일일이 아가미와
껍데기를 잘라 먹기 좋게 손질해 주셨어요. 그러면 저는 게살만 쏙쏙 빼먹었죠.
그런 제 모습을 부모님은 언제나 흐뭇하게 바라보셨어요.

남편과 연애하던 시절, 제가 꽃게를 좋아한다는 것을 알고 노량진에 꽃게찜을 먹으러 갔던 적이
있어요. 남편은 능숙하게 꽃게를 고르더니 재료를 조리해 주는 단골 식당으로 저를 안내하더군요.
먹기만 좋아했지 꽃게를 손질할 줄 몰라 당황해하고 있는데, 남편이 능수능란하게 꽃게를 손질하더니
마치 꽃다발처럼 꽃게 살을 발라 제게 건네는 게 아니겠어요. 그러더니 장난스럽게 결혼해 달라며
해맑게 웃더군요. 꽃게 살을 이렇게나 잘 발라주는 사람이라니 저도 모르게 웃으며 고개를 끄덕이고
말았습니다. 물론 정식 프러포즈는 따로 있었지만, 그날의 꽃게를 어떻게 잊을 수 있겠어요. '이 사람과
결혼해도 좋겠다'는 마음이 들었던 것은 그날, 꽃게 살을 건네받던 순간이었던 것 같습니다.

랍스터롤

재료 • 3인 가족 1회 분량

랍스터 1마리, 무염버터 100g,
레몬즙 2Ts, 훈제 파프리카 파우더 ⅓ts,
다진 파슬리 1Ts, 소금 약간,
브리오슈 3개(또는 핫도그용 빵)

만드는 법

① 랍스터는 얼음물에 담가 짠기를 뺍니다.

② 찜기에 랍스터 등부분을 아래로 오게 넣고 15분 정도 찝니다.

③ 다 익은 랍스터를 얼음물에 빠르게 식힌 뒤 살을 분리해 적당한 크기로
자릅니다.

④ 프라이팬에 무염버터 80g, 레몬즙 2Ts, 훈제 파프리카 파우더, 다진
파슬리를 넣고 버터가 녹을 정도로만 살짝 가열합니다.

⑤ 불을 끄고 손질한 랍스타 살을 넣어 버무립니다. 엄마, 아빠용은 소금을
조금 넣어 간을 합니다.

⑥ 프라이팬에 무염버터 20g을 녹인 뒤 약불에서 브리오슈를 앞뒤로 노릇하게
굽습니다.

⑦ 브리오슈에 랍스터를 넣고 취향에 따라 다진 파슬리를 얹습니다.

어떤 음식은 그 자체의 맛도 있지만 함께 나눈 사람이 더 오래도록 기억에 남는 것 같아요. 그래서 한국 방문과 꽃게 철이 우연히 맞아 떨어졌을 때 아이에게도 꽃게의 맛을 꼭 보여주고 싶었습니다. 바다의 짠 기가 약간 남아 있음에도 달큰한 게살의 맛이 좋았던지 아이는 잘 먹어주었어요.

한국에 꽃게가 있다면 미국 동부를 대표하는 갑각류에는 랍스터가 있습니다. 한국의 꽃게를 먹지 못해 아쉬워하던 차에 제 허기를 대신 채워주었던 음식이 바로 랍스터 롤이었어요. 꽃게와 비슷한 블루 크랩도 그 갈증을 해결하지는 못했어요. 사실 뉴욕 해산물의 선도는 한국을 따라가기가 어렵습니다. 뉴욕이 미국에서 가장 높은 선도의 해산물을 쉽게 구할 수 있는 도시임에도 비교가 불가능할 정도예요. 물론 유통 방식에도 차이가 있고요. 한국보다 더 흔히 구할 수 있는 신선한 해산물은 아마 랍스터 정도가 아닐까 싶어요. 랍스터 롤은 그야말로 우리가 살고 있는 미국 동부의 맛이에요. 아이 음식에 간을 하지 않던 시기에는 마요네즈를 넣은 뉴잉글랜드 스타일이 아닌, 버터를 넣어 따뜻하게 내는 코네티컷 스타일로 만들어 주곤 했습니다. 아이 역시 랍스터 살만 쏙쏙 골라 잘 먹어주었어요. 뉴욕에서는 그렇게 그리운 꽃게를 랍스터로 달래곤 합니다. 저도 언젠가 아버지처럼 곤히 잠든 아이를 새벽녘에 깨우는 날이 올까요?

아이와
함께하는 반찬

한식은 밥을 중심으로 여러 반찬과 국물요리를 먹는 사람 마음대로 조합해 먹는 것이 진짜 매력이 아닐까 싶어요. 우선 갓 지은 밥에 된장국을 한 숟갈 떠먹어요. 거기에 생선구이 한 조각. 이어서 밥에 김을 싸서 입안을 한번 정리하는 거예요. 그런 다음 바삭한 멸치볶음으로 식감을 살리고 갓 무친 나물 반찬의 아삭거림을 즐기는 거죠. 그러다 뭔가 심심해질 때 즈음 김치 한 조각! 그렇게 눈앞에 놓인 상차림을 먹는 사람이 다시 한번 구성해 먹는 것이 한식의 강점인 것 같아요. 그렇다 보니 한식을 먹고 나서는 함께 식사를 해도 모두가 다르게 느끼고, 서로 다른 맛에 대해 이야기하죠. 그래서 더 흥미로운 것이 한식 상차림이에요.

한식은 생각해 보면 다양한 온도의 음식이 한 상에 오릅니다. 따뜻한 온기의 밥과 뜨끈한 국. 차가운 반찬들과 미지근한 구이 또는 조림. 입안에 다양한 온도들이 함께 담기니 계절에 따라 먹고 싶은 온도의 음식도 달라지곤 해요. 외국을 여행할 때면 늘 한식에서의 '매운맛'이 아니라 적확한 '온도'가 그리워지곤 했어요. 차갑게 먹어야 제 맛이 나는 겨울의 동치미라던가, 시원하다는 말이 절로 나올 정도의 온도를 지닌 국이라던가 말이죠. 그 차가움과 뜨거움의 중간 즈음에 위치한 게 반찬이에요. 어떤 하나의 온도를 가진 음식만을 계속해서 먹기엔 자칫 심심하고 지루해질 때쯤 반찬은 존재감을 드러냅니다. 옆에서 살짝살짝 거들며 조연의 역할을 톡톡히 해내니까요. 때로는 계절에 맞는 반찬 하나를 만들기 위해 부지런히 장을 담그고 삭히는 시간을 보내기도 해요. 시간을 더해 만드는 맛, 시간이 고스란히 담기는 맛. 그게 한식만이 가진 매력이 아닐까요.

하지만 아이에게 한식에서 주로 쓰이는 간장, 고추장과 같은 발효 양념을 마음껏 사용하기에는 아직 어려서 그 대신 재료 자체가 주는 계절감에 집중해 보려 합니다. 거기에 제가 좋아하는 채소들을 덧붙이는 방식이죠. 대체로 반찬은 채소류를 많이 사용해요. 장을 볼 때는 자연스레 그 계절에 자주 눈에 띄는 채소들을 발견하게 됩니다. 약간의 육수로 감칠맛을 내 볶거나 갓 짜낸 참기름, 들기름을 넣고 무쳐 내요. 단순하지만 만들어 두면 든든해지는 게 반찬이죠. 그러다 조금 단조롭게 느껴지면 이런저런 색감을 더하거나 어울릴 만한 허브를 다져 향을 입혀 봅니다. 그렇게 우리가 함께 보내는 계절이 더해지다 보면, 어느새 한식의 장을 사용하게 될 날도 오겠죠? 그 자체로 입 안이 얼마나 다채로워질까요. 아이도 저를 닮아 매콤한 맛을 좋아할까요? 슴슴하게 쓰이는 간장의 맛을 알아줄까요? 소금의 풍성함을 눈치채 줄까요? 그래서인지 반찬을 만들 때면 앞으로의 나날들이 몹시도 기다려집니다.

할머니의 맛

더덕 볶음

지금은 자연산 더덕을 찾아보기 어려운 지경이 되었지만, 제가 어릴 때만 해도 증조할머니께서 심마니에게 부탁해 산에서 캔 더덕을 챙겨 보내주셨다고 해요. 그 덕분에 엄마는 귀한 더덕 반찬을 어렸을 적부터 저희 남매에게 만들어 주시곤 하셨어요. 산더덕은 흙향과 고유의 쌉싸름한 단맛이 참 매력적이에요. 더덕을 구하기 어려운 때엔 도라지로 대신하면, 동생은 잘 먹어도 저는 더덕이 아니면 잘 먹지 않았다고 합니다.

평소 제가 좋아하는 식재료를 아이에게 소개할 때면 유난히 설레요. 엄마의 입맛을 닮았을지 아빠의 입맛을 닮았을지. 가끔은 그렇게 내기 아닌 내기가 펼쳐집니다. 저는 과일은 언제나 환영이지만 유독 단감은 즐기지 않는 편인데 남편은 단감을 좋아해요. 그런데 아이에게 처음으로 과일을 이것저것 소개하던 이유식 시절, 아이가 유독 단감을 꼭 쥐고서는 주지 않으려고 하는 게 아니겠어요. 그날의 동영상은 여전히 즐겨 봅니다. 자신을 닮아 특정 음식을 좋아하는 아이의 모습을 바라보는 부모의 표정에는 뭔가 뿌듯함까지 담겨 있는 것 같아요. 그렇게 우리는 매일 서로에게서 서로의 닮은 점을 발견하고 기꺼이 즐거워합니다.

그렇다면 과연, 제가 좋아하는 더덕은 어떨까요. 어느 날 엄마가 아이 반찬을 만들고 있는 저를 보시더니 아이에게 더덕 반찬을 해주면 어떻겠느냐고 물으셨어요. 저는 아직은 향이나 맛이 너무 자극적이지 않을까 걱정했죠. 그날 저녁, 엄마는 손녀를 위해 손수 더덕 반찬을 만들어 주셨어요. 육수를 쓰거나 어떤 간을 하지 않았는데도 부드럽고 달콤한 맛이 나서 놀랐던 기억이 납니다. 그날부터 엄마의 레시피대로 아이에게 더덕 반찬을 만들어 주게 되었어요. 적당한 크기의 더덕을 사다 얇게 저며 물로 나른하게 볶아요. 더덕의 향을 해칠 수 있으니 육수는 사용하지 않아요. 참기름에는 참깨, 들기름에는 거피한 들깨가루를 넣어 합을 맞춥니다. 더덕의 그윽한 향에 곁들여진 고소한 들깨의 맛, 거기에 할머니의 손맛까지 더해져 아이의 입맛에 맞았나 봅니다.

아이는 나날이 자신의 입맛에 대한 선호를 익히고 자신이 좋아하는 맛이 아니면 한 입도 허락하지 않으려 해요. 이제는 먹는 척을 하다 이내 뱉어버리고 마니 이 영리한 손님의 눈을 가릴 방법이 점점 궁해집니다. 그래도 이 더덕의 맛을 알아주어 고맙고, 제 어릴 적 기억을 아이와 함께 나눌 수 있음에 마음이 따뜻해져요.

앞으로 아이를 위해 더덕 반찬을 만들 때면 증조할머니가 저를 위해 챙겨 보내주셨던 귀한 산 더덕에서 시작해 엄마가 제게 유아식으로 만들어 주시던 더덕, 그 레시피를 이어받아 아이에게 전해진 더덕의 맛까지 함께 떠올리게 될 테니까요. 나중에 아이가 자라 이 모든 이야기를 이해하게 될 때 즈음, 이 음식이 얼마나 오랜 시간을 거쳐 지금 여기에 도착했는지 들려주고 싶어요. 아이는 한 번도 만나본 적 없는 저의 증조할머니를 그렇게 만나게 되겠지요. 그것은 그것대로 참 근사한 일이라는 생각이 듭니다.

더덕 볶음

재료 • 아이 3회 분량

더덕 100g, 생수 약간, 참기름 1Ts,
참깨 1Ts(또는 들기름 1Ts,
거피 들깨가루 1Ts)

만드는 법

① 껍질을 벗긴 더덕은 원형으로 얇게 편 썹니다.

② 팬에 더덕을 고르게 펼치고 자작하게 잠길 정도로 생수를 붓습니다.

③ 약한 불에서 가열해 더덕이 어느 정도 부드러워지면 불을 끕니다.

④ 참기름과 방금 간 깨를 넣고 잔열로 마저 볶습니다.

> **TIP 식감이 부드러운 더덕요리를 하려면**
> 자연산 더덕은 좀 질겨도 뒷맛이 달아요. 반면 밭에서 재배한 더덕은 식감이 연하고
> 아삭합니다. 유아식에는 재배한 더덕이 오히려 더 잘 어울릴 수 있으니 어떤 종류든
> 편하게 사용하세요. 더덕을 고를 때는 잔가지가 많지 않고 길게 쭉 뻗은 모양을 고르세요.
> 썰 때에도 섬유질 반대 방향으로 썰어야 식감이 부드러워요. 엄마, 아빠는 더덕을
> 두툼하게 사선으로 썰어 같은 방법으로 조리해 보세요. 포슬포슬한 식감과 더덕 자체의
> 향을 즐길 수 있을 거예요. 다만 굵은 더덕을 사용할 때는 방망이로 살짝 두드려 부드럽게
> 만든 뒤 사용해 주세요.

오크라 & 아스파라거스 샐러드

오크라는 끈적이는 식감과 촉감이 재미있는 식재료예요. 익혀 먹으면 고소한 향과 달큰한 맛, 사각거리는 식감이 있어 아이가 잘 먹는 채소 중 하나입니다. 아스파라거스도 마찬가지예요. 아스파라거스는 콩처럼 잘게 잘라 삶아 익혀주면 가장 먼저 없어지는 채소입니다. 버터와 올리브오일을 두른 팬에 노릇하게 구운 다음 레몬즙과 파르메산 치즈, 약간의 후춧가루를 더해주면 아이는 손에 들고 잘 먹습니다. 시간이 없을 때는 위의 레시피 그대로 오븐에 구워 주기도 해요.

처음 오크라를 접했던 곳은 일본 여행에서였어요. 술집에서 가벼운 안주로 나온 오크라의 살캉거리는 식감이 좋아진 뒤로 여름철만 되면 즐겨 먹는 채소가 되었습니다. 끓는 물에 오크라를 1~2분 정도 짧게 데친 후 먹기 좋게 자릅니다. 쯔유에 식초, 레몬이나 유자즙을 넣어 드레싱을 만들고 방울토마토와 가다랑어 포를 넣고 가볍게 버무리는 것만으로도 그럴듯한 요리가 돼요. 가벼운 술안주로도 그만이고 소면을 삶아 그 위에 토핑으로 얹어 먹으면 여름이 손쉽게 눈앞에 담깁니다.

그렇게 일본의 채소인 줄로만 알았던 오크라를 뉴올리언스 여행에서 다시 만나게 되었습니다. 다양한 해산물과 향신료를 넣어 끓이는 스튜인 검보Gumbo를 먹고 반했죠. 집에 와서 만들어 먹었을 정도니까요. 검보에도 오크라가 들어간다는 사실을 알게 되고 나서 이 식재료에 더욱 관심을 가지게 되었어요. 원산지가 아프리카였던 이 채소가 지구를 반대 방향으로 돌아 전혀 다른 문화권의 사람들의 마음을 사로잡고, 전혀 다른 방식으로 쓰이고 있다는 사실이 너무나 흥미로웠습니다.

반면 아스파라거스는 꽤 흔한 재료예요. 특별할 것 없이 봄이 되면 늘 먹어왔지만 파리의 아르페쥬라는 레스토랑에서 전혀 색다른 경험을 했습니다. 제철을 맞아 평소 보기 힘든 굵다란 두께의 아스파라거스에서는 굉장히 복합적인 풍미가 느껴졌어요. 그 맛을 지금도 여전히 기억합니다. 입안에서 사각거리며 씹히던 식감과 폭죽처럼 터지던 채즙이 그간 먹어왔던 아스파라거스와는 비교도 되지 않았어요. 아스파라거스는 삶거나, 찌거나, 볶는 등 조리방법에 따라 새로운 맛이 나는 참으로 매력적인 채소예요.

이렇게 제가 평소 좋아하는 채소들은 특히나 아이의 식탁에도 자주 올리게 됩니다. 이제 겨우 세 번의 봄과 여름을 함께 겪었을 뿐이지만, 아마도 이런 계절의 맛을 나누다 보면 점점 서로의 입맛을 닮아가게 되겠죠. 여러분은 어느 계절의 채소를 좋아하시나요? 오늘의 계절을 아이와 함께 나눠보면 어떨까요. 마주하고 있는 이 순간이 더욱 풍성해질 테니까요.

TIP 엄마·아빠용 오크라 메뉴 추천

아이와 같은 메뉴에 엄마, 아빠는 소금으로 간을 해서 드셔도 좋지만 특히 오크라는 쯔유와 가츠오부시(가다랑어포)에 버무려 드셔 보세요. 어느 계절이든 잘 어울리는 샐러드이자 가벼운 술안주가 금세 완성됩니다. 오크라 대여섯 개와 방울토마토 서너 개를 잘라 쯔유 1Ts, 레몬즙(또는 유자즙) ½Ts, 식초 1ts를 섞어 드레싱을 만들고 가츠오부시를 올려 드셔 보세요.

오크라 & 아스파라거스 샐러드

재료 • 아이 1회 분량

오크라 또는 아스파라거스 3~4개,
두부 ¼모

양념
방울토마토 6개, 바질 2~3장,
엑스트라 버진 올리브오일 1Ts,
레몬즙 1ts

만드는 법

① 오크라 또는 아스파라거스는 끓는 물에 1~2분 정도 데친 후 그대로 식혀 먹기 좋은 크기로 썹니다.

② 두부는 끓는 물에 넣어 3분 가량 데쳐 속까지 데웁니다.

③ 방울토마토는 끓는 물에 살짝 데쳐 찬물에 담가 껍질을 벗긴 뒤 잘게 다집니다. 바질도 채 썰어 준비하세요.

④ 엑스트라 버진 올리브오일, 레몬즙, 다진 토마토, 바질을 넣고 드레싱을 만듭니다. 다양한 허브를 넣어도 좋아요.

⑤ 두부 위에 오크라 또는 아스파라거스를 올리고 드레싱을 끼얹습니다.

배추는 겨울

배추 들깨 볶음

한국은 주로 겨울에 방문하다 보니 자연스레 김장철에 머무르게 됩니다. 속이 노랗게 꽉 들어찬 배추가 그렇게 예뻐 보일 수 없는 계절이죠. 여느 계절보다 혹독한 추위를 견뎌 내서일까요. 겨울에 먹는 채소에게서는 더욱 응축된 재료 본연의 맛을 느낄 수 있습니다. 배추는 한중일 아시아 국가들이 공통으로 사용하는 식재료이다 보니 뉴욕에서도 우리나라 배추와 비슷한 나파 캐비지Napa Cabbage를 쉽게 구할 수 있어요. 하지만 한국 겨울 배추 맛에 비하기는 어렵습니다. 한국의 배추 역시 여름과 겨울의 맛이 확연히 다르니까요. 이렇게 수분이 적고 단맛이 강한 배추는 겨울철 한국에서만 먹을 수 있습니다. 아이도 그 차이를 느꼈는지 똑같은 배추 들깨 볶음이더라도 겨울 배추로 만든 것을 훨씬 더 잘 먹어 신기했던 반찬이기도 해요.

겨울철 배추가 가진 달달하고 시원한 맛에 들깨가루의 고소함까지 더해져 특별한 육수를 더하지 않고 배추에서 나온 수분 자체로만 볶아도 맛이 좋아요. 배추는 소박하지만 한국인에게 빠질 수 없는 기본적인 채소죠. 무엇보다 겉절이부터 김장김치, 배추를 듬뿍 넣고 된장을 조금 풀어 끓인 달큰한 배추 된장국까지 배추는 활용하기 나름인 식재료예요. 하지만 이렇게 아이의 간에 맞춰 슴슴하게 요리하는 것이 배추 본연의 맛을 더 잘 즐기는 법일지도 모르겠다는 생각이 들었습니다. 조금 더 시간이 지나면 아이 역시 매콤한 배추김치도 맛보게 되겠죠? 아이와 함께 하게 될 음식의 종류가 점점 늘어나는 일은 언제 생각해도 참 설렙니다.

TIP〈 **찬물에 담가 채소를 깨끗이 세척해요**
채소를 세척할 때 식초나 베이킹소다를
사용하는 방법도 있지만 찬물에 20분 정도
담가 두는 방법을 사용해 보세요. 혹시 모를
불순물을 제거하는데 효과적입니다. 이때
중간에 물을 한 번 갈아주세요.

TIP〈 **물로 볶아도 충분해요**
볶는 반찬을 만들 때 기름 대신 물을 넣고
볶아도 충분해요. 배추는 볶을 때 채즙이
많이 나오므로 따로 기름을 넣지 않아도
돼요. 필요하다면 물을 한두 숟가락 추가해
주세요. 표고버섯을 볶을 때도 기름 대신에
물을 넣고 익힌 뒤 마무리로 들기름을
넣으면 표고버섯이 가진 향미를 더욱 살릴
수 있어요. 들기름이나 참기름은 발연점이
낮은 기름이에요. 아이 음식을 만들 때에는
불을 끄고 마무리 단계에서 살짝 둘러
잔열로 버무리면 좋습니다.

배추 들깨 볶음

재료 • 아이 1회 분량

배춧잎 100g, 거피 들깨가루 1Ts,
들기름 1ts

만드는 법

① 배추의 질긴 부분을 잘라낸 뒤 이파리 부분을 잘게 썰어 찬물에 담가
   건집니다.

② 편수 냄비에 배추를 넣고 약불에서 천천히 볶아줍니다.

③ 배추가 숨이 죽고 채수가 나오기 시작하면 들깨가루를 넣고 부드러워질
   때까지 약불에서 볶습니다.

④ 불을 끄고 들기름을 둘러 가볍게 섞어 마무리합니다.

부들부들 보드라운

연두부 카프레제

외국에서 사는 일은 때때로 저를 도전적이고 실험적인 인간으로 만듭니다. 어느 날 문득
강릉의 초당 순두부가 먹고 싶어진 거예요. 뉴욕 한복판에서 초당 순두부라니. 하지만
어쩌겠어요. 이미 머릿속엔 가마솥에서 콩물이 넘칠락 말락 하고 있는 장면만 반복 재생되고
있는 걸요. 몽글몽글, 포슬포슬한 순두부를 한 숟갈 조심스럽게 떠서 먹고 싶다는 생각에
간수를 주문하고 아마존에서 두부 틀을 찾고 있는 제 자신을 발견하고 말았죠.

두부를 만드는 일은 생각보다 녹록지 않았어요. 전날 불려 두었던 콩을 갈아 면 보자기에
잘 걸러 적당히 저어가며 알맞은 간수를 넣는 일. 자칫하면 너무 딱딱하게 굳어버리거나
두부가 제대로 뭉쳐지지 않으니 자연스레 긴장이 됐어요. 그런데 이 두부를 만들면서 얻게
된 것은 두부만이 아니었습니다. 따뜻하고 고소한 콩물부터 몽글몽글 아직 뭉쳐지기 전의
순두부, 거기에 비지까지. 게다가 얼마큼의 무게를 얹어 둘 것이냐에 따라 좋아하는 식감의
두부를 얻을 수 있었어요. 두부를 만드는 과정에서 순전히 원하는 점도의 모든 부산물을
얻을 수 있다니. 참으로 매력적인 작업이란 생각이 들었습니다.

두부를 직접 만들어봤기 때문일까요? 두부는 흔히 쓰이지만 한 모에 가득 담긴 영양을 생각하면 그냥 지나치기 어려운 식재료예요. 두부는 성장기 아이에게 먹이기에 제격인 음식이죠. 게다가 조리 방법에 따라 다양한 맛을 낼 수 있어요. 그 중에서도 연두부는 식감이 부드러워 아이에게 먹이기에 편리한 식재료 중 하나예요. 그냥 먹어도 고소한 맛이 일품이지만 카프레제의 색감을 살려 모짜렐라 대신 연두부를 활용해 봤어요. 바질과 잣을 곱게 다져 향을 더하고 다양한 색감의 방울토마토를 올려보세요. 눈앞에 담긴 싱그러움에 다가올 여름이 기다려질 거예요.

연두부 카프레제

재료 • 아이 1회 분량

방울토마토 7~8개, 연두부 100g

드레싱
바질 2~3장, 구운 잣 1ts,
엑스트라 버진 올리브오일 1½Ts,
레몬즙 1ts

만드는 법

① 토마토는 아랫면에 칼집을 넣은 뒤 끓는 물에 살짝 데쳐 찬물에 담가
   껍질을 벗깁니다. 먹기 좋은 크기로 썰어요.

② 바질은 채 썰고 잣은 곱게 다집니다.

③ 올리브오일에 바질과 잣, 레몬즙을 넣어 섞어 드레싱을 만듭니다.

④ 그릇에 연두부와 토마토를 켜켜이 담고 드레싱을 끼얹어 완성합니다.

아이와
함께하는 간식

　아침, 점심, 저녁. 아이는 하루 세 끼의 식사를 하지만 그 사이사이 간식도 빼놓을 수 없죠. 간식은 주로 과일이 되는 경우가 많아요. 아직 말이 서툴던 시절에는 냉장고 문 앞에 붙여 둔 과일 자석 중에서 자신이 먹고 싶은 걸 가져오거나 손짓으로 대신 말하곤 했습니다. 그러다 아이는 과일을 일컫는 자신만의 언어를 만들어 붙이기 시작했어요. 다른 누구도 이해하지 못하는 조각난 말이지만 우리는 서로 이해할 수 있었어요.
이 말들은 언제까지나 기억해두고 싶을 정도로 사랑스러워요. 하지만 아직 계절에 따라 식재료가 달라진다는 점을 이해하지 못하는 어린아이에게 왜 먹고 싶은 과일이 지금 없는지 설명하느라 진땀을 빼기도 합니다.
그러다 보니 좀 더 계절의 영향을 덜 받는 간식거리가 필요했어요.

평소 장을 볼 때면 아이가 주로 찾는 과일들은 항상 구비해 두려고 하는 편이에요. 분명 한 명의 가족이 늘었을 뿐인데도 과일의 양은 두세 배로 장을 보게 되는 일도 흔치 않습니다. 그 중에서도 사과, 배, 바나나는 언제나 빼놓지 않고 장바구니에 담습니다. 배와 바나나는 후숙이 될수록 단맛이 더욱 깊어지고 영양가도 달라지기 때문에 늘 미리 사 둬요. 특히 아이가 언제 찾을지 모르는 바나나는 넉넉히 준비해 두는데, 그러다 보면 과숙이 되는 경우가 생깁니다. 사실 과숙이 된 과일은 베이킹하기에는 오히려 제격이에요. 이때 바나나에서는 특히나 단맛이 두드러집니다. 그래서 과숙이 된 바나나가 여럿일 때는 주로 머핀을 굽습니다.

하루 중 아끼는 일과가 있으신가요? 저는 평소 아이를 재우고 집안일을 마친 뒤에 하는 베이킹을 애정합니다. 베이킹을 하기로 마음먹은 날엔 냉장고에서 버터를 미리 꺼내 두는데, 그게 뭐라고 큰일을 마친 것 마냥 단숨에 기분이 좋아져요. 특히나 날이 쌀쌀해지기 시작하는 가을이 오면 베이킹이 더욱 즐거워져요. 고소한 버터 향기와 집안의 찬기가 적절히 섞이면서 나는 내음 사이에서, 오늘 하루도 무사히 잘 보냈다는 안도감 같은 것을 느낍니다. 그건 아마도 기억 속 엄마를 불러내 만나는 일이기도 하기 때문일 거예요.

어렸을 적, 엄마는 집에서 빵이나 도넛을 종종 만들어 주시곤 하셨어요. 엄마가 반죽을 만들어 펼쳐 주면 그 옆에 나란히 앉아 주전자 뚜껑으로 도넛 모양을 찍어 엄마에게 건네는 거예요. 그렇게 금방 튀겨 폭신하고 따뜻한 도넛을 동생과 나눠 먹곤 했습니다. 어린 시절을 떠올려보면 생각나는 향기가 여럿 있어요. 엄마는 추위를 잘 타는 저를 위해 아침마다 두유에 인삼을 갈아 챙겨 주셨어요. 거기에 약간의 꿀을 더하셨죠. 어렸을 때는 늘 인상을 찌푸리며 마셨지만 지금은 거리를 걷다 인삼 냄새가 풍겨오면 자연스레 어린 시절이 떠오릅니다.

엄마의 마음을 이어받아 만들게 된 몇 가지 간식들이 있어요. 하지만 베이킹은 적당한 단맛이 들어가지 않고서는 맛을 내기가 까다로운 음식이에요. 때문에 잘 익은 과일에 약간의 신맛과 향신료를 더해 단맛을 끌어올리는 방식을 활용했습니다. 후숙을 마친 과일에서 나오는 당도만으로도 아직 설탕이나 소금의 맛에 길들여지지 않은 아이들의 미각에는 충분히 달게 느껴질 거예요.

선선한 바람이 살랑거리며 불어오던 계절이었어요. 엄마와 나란히 앉아 도넛을 만들던 그날의 기억은 언제 떠올려도 참 포근합니다. 종종 어떤 음식들은 맛보다도 그 음식을 함께 만들던 장면이 더 생생히 기억에 남는 것 같아요. 더불어 그 때에 머물렀던 내음도 함께 말이에요. 아이에게도 그런 '오래된 습관'을 만들어 주고 싶었습니다. 거기에 추억으로 회귀되는 특별한 향까지 더해진다면, 문득 혼자 길을 걷다가도 반가운 얼굴과 마주치게 될지도 모르니까요.

오트밀 바나나 머핀

베이킹에 관해 웃을 수 없는 에피소드가 하나 있습니다. 처음으로 파이를 굽는데 레시피에 나온 설탕과 버터 양에 놀라 제멋대로 재료를 조금씩 줄여 만든 거예요. 결과는 참담했죠. 아무 맛도 나지 않는 밀가루 덩어리 그 자체였거든요. 그러니까 베이킹만큼은 정확히 재료 비율을 지켜줘야 하는 영역의 음식이었던 거예요. 하지만 아이에게 아직 설탕의 맛을 사용하고 싶지 않다면 잘 익은 바나나, 사과, 배가 대체재 역할을 톡톡히 해낼 겁니다.

뉴욕에서 장을 볼 때면 바나나를 두 가지 종류로 나누어 파는 것을 발견할 때가 있어요. 하나는 덜 익은 상태의 바나나, 다른 하나는 베이킹에 사용하기 알맞게 후숙을 마친 바나나죠. 요리하는 일이 흔치 않은 뉴요커의 삶 속에서 베이킹만큼은 생활의 일부라는 것이 느껴지는 대목입니다.

이 오트밀 머핀은 후숙을 마친 바나나를 도우*Dough* 삼아 만들었어요. 바나나를 구우면 바나나의 당 성분이 캐러멜화되어 바나나 본연의 단맛을 한층 끌어올릴 수 있습니다. 이 레시피는 머핀 틀을 사용했지만 어떤 방식으로 구워도 괜찮아요. 베이킹 팬에 바나나를 넓게 펼쳐 저온으로 굽는 시간을 살짝 늘리면 팬에 바나나가 캐러멜화되어 더욱 풍미가 살아납니다. 나른해지는 오후에 엄마, 아빠는 커피를 내려서 머핀에 메이플 시럽을 살짝 곁들여 드셔 보세요. 집안 곳곳에 퍼진 바나나 향기만큼이나 달콤한 간식이 되어줄 거예요.

오트밀 바나나 머핀

냉장 3일 보관
냉동 1개월 보관

재료 • 3인 가족 3회 분량
베이킹컵(5×3.5cm) 기준 9개 분량

롤드 오트밀 2컵, 우유 2컵, 달걀 1개,
피넛버터 2Ts, 베이킹파우더 1ts,
녹인 무염버터 1Ts, 시나몬 가루 1ts,
잘 익은 바나나 2개

만드는 법

① 오트밀에 우유, 달걀, 피넛버터, 베이킹파우더, 녹인 무염버터, 시나몬 가루까지 모두 넣고 섞어줍니다. 반죽은 약간 묽은 형태입니다. 오트밀의 가공 방식에 따라 액체류를 흡수하는 양이 다르니 우유로 반죽의 농도를 조절해주세요.

② 바나나는 껍질을 벗겨 1cm 두께로 자릅니다.

③ 머핀틀에 유산지를 얹고 바나나를 담은 뒤 반죽을 ⅔ 정도 부어요.

④ 200도로 예열한 오븐에 넣고 전체적으로 노릇해지도록 30~35분 정도 굽습니다.

TIP 부재료는 첨가물이 없는 것으로
베이킹파우더는 무알루미늄 제품으로 사용해 주세요. 피넛버터도 팜오일, 설탕, 소금 등의 첨가물이 없는 것으로 고르는 게 좋습니다.

TIP 냉동으로 보관했다가 데울 때는
머핀은 완전히 식힌 뒤 개별 포장해 냉동해 주세요. 먹기 전날 냉장실에 두어 해동했다가 160도로 예열한 오븐에서 7분 정도 데워주세요.

언제 어느 때고

서양배 콩포트

　한국에 한번 다녀오고 나면 아이는 미국에서 산 과일을 잘 먹으려 들지 않았어요. 한국의
과일이 이곳의 과일보다 당도가 높기 때문이에요. 그럼에도 여기에서 아이가 좋아하는 몇
가지 과일이 있는데 그중 하나가 서양배예요. 미국에서는 이유식에서 과일을 처음 소개할
때 바로 이 배로 시작하는 경우가 많습니다. 하지만 서양배는 한국의 배와는 맛과 모양이
완전히 달라요. 조롱박 모양처럼 생긴 서양배는 연두색 또는 사과처럼 붉은색을 띠고
있어요.

처음 서양배를 사서 먹었던 날의 기억이 떠오릅니다.
대개 과일은 과육이 딱딱할 때가 신선할 때이니 바로 깎아
먹었죠. 그런데 너무 시고 떫어서 도저히 먹을 수가 없는
거예요. 이 서양배는 아보카도처럼 후숙을 거쳐 먹어야
했던 거죠. 겉에서 만져봤을 때, 손가락이 살짝 들어가는
느낌이 들었을 때가 가장 알맞게 익은 때예요. 또는 조금 더
물컹거리게 눌려도 좋아요. 이 상태에서 배의 껍질을 벗겨
먹어보면 이미 조리한 것처럼 굉장히 부드러워 아이가
처음 베어 물기에 저항감이 적어요. 서양배는 후숙의
정도에 따라 당도와 산미가 달라져요. 게다가 원하는
대로 무르기를 쉽게 조절할 수 있죠. 이래서 서양배를
이유식에서 첫 과일로 선택하는구나 싶었어요.

다만 서양배는 한국의 배와는 다르게 익기까지 조금
시간이 걸립니다. 그래서 언제나 조금 미리 사두고 아이가
달라고 할 때 챙겨주는 편이에요. 하지만 아이의 입맛은
정직해서 잘 먹던 과일도 한두 입 베어 물고 남길 때가
있어요. 먹어보면 역시나 단맛이 덜하거나 떫은맛이
느껴질 때예요. 종종 이렇게 맛이 덜한 과일들을 만날 때면
어떻게 먹으면 좋을지 고민이 됐습니다. 그렇게 발견하게
된 것이 콩포트Compote예요.

콩포트는 과일을 설탕에 졸여 만든 음식으로 따뜻하거나 차갑게 먹는 프랑스식 디저트예요. 한국의 과일은 당도가 높은 편이라 굳이 이런 노력을 기울여 만들 필요가 없어요. 이미 충분히 달기 때문이죠. 하지만 막상 향이나 빛깔은 너무 좋은데 아무런 맛이 나지 않는 과일을 만났을 때 콩포트는 참으로 반가운 조리법이 아닐 수 없습니다. 다만 고민스러웠어요. 아직 설탕을 아이에게 소개하고 싶지는 않았거든요. 그러다 신맛을 떠올렸습니다. 음식에서 적절한 산미는 다양한 맛을 끌어 올리는데 도움이 돼요. 샐러드에 레몬을 뿌리면 소금의 양을 줄일 수 있습니다. 레몬의 산미 덕분이죠. 단맛도 마찬가지로 레몬을 사용하면 더욱 두드러지게 느껴집니다. 하지만 그렇다고 레몬을 잔뜩 넣을 수는 없으니 단맛을 더할 수 있는 과일들을 떠올려봤어요. 그렇게 완성한 레시피가 여럿 생겼습니다. 이참에 여러분만의 콩포트 조합을 찾아보는 건 어떨까요?

냉장 3일 보관
냉동 2주 보관

서양배 콩포트

재료 • 아이 3회 분량

서양배 1개, 사과 ⅓개,
귤 1개 (또는 오렌지 ½쪽),
시나몬 가루 ½ts, 레몬즙 1ts

만드는 법

① 과일은 모두 1cm 크기로 깍둑썰기 합니다.

② 냄비에 과일을 넣고 자작하게 잠길 정도로 물을 붓습니다.

③ 물이 끓으면 약불로 줄여 재료가 부드러워질 때까지 약 15~20분 정도 끓입니다.

④ 시나몬 가루와 레몬즙을 넣고 5분 정도 저어가며 끓여 완성합니다.

TIP **이렇게 먹어요**
냉장고에서 차갑게 식혀 보관해 두었다가 요거트에 얹어 주거나 머핀에 곁들여주세요. 꿀 알레르기가 없다면 꿀을 1ts 정도 더하거나 메이플 시럽 1ts을 더해 단맛을 조절할 수 있어요.

채소
파운드 케이크

이 케이크에는 숨겨진 비밀이 하나 있어요. 여기에
들어간 재료들은 사실 아이가 잘 먹지 않는 재료에서부터
시작됐다는 점이에요. 돌이 지나자 유제품을 전혀 먹으려
들지 않는 아이 때문에 걱정이 많았습니다. 게다가 아이는
평소 잘 먹던 식재료들도 갑자기 완강히 거부하기도 했어요.
그 중에서도 애호박은 언제 주어도 반기던 채소였는데
또 어떤 날에는 가장 많이 남겨지기도 했죠. 시금치는 잘
먹다가도 이따금 처음 먹는 맛이라는 듯한 표정을 지어
보였어요.

아직 아이와 완전한 대화를 나누기 어려운 이 시점에서 가장 힘든 건 아마, 아이에게 무엇을 먹고 싶은지 물어볼 수 없다는 점일 거예요. 가끔 상상해 봐요. 아이가 제게 "엄마, 오늘은 불고기가 먹고 싶어요."라고 말하는 모습을요. 하지만 아직은 아이 역시 자신이 무엇을 먹고 싶은지, 자신의 몸이 무엇을 원하는지 귀 기울이기에는 쌓인 자료가 적어요. 가끔은 이 수수께끼 같은 상황이 조금 어렵게 느껴지다가도 아이에게 더 많은 선택지를 줄 수 있다는 생각을 하면 즐거운 고민이 시작됩니다. 그렇게 궁리 끝에 만들어진 맛을 아이가 즐겁게 먹어주면 어려웠던 수수께끼 하나를 푼 것 같은 기분이 들어요.

가끔은 이런 생각이 고개를 불쑥 내밉니다. 이렇게까지 많은 시간과 노력을 들여야 할 만큼 먹는 게 중요한 걸까 하고요. 제 대답은 언제나 같습니다. 먹는 건 중요해요. 그건 내 몸이, 그날의 내 기분이 스스로에게 건네는 대화의 시작이니까요. 때로는 아무것도 하기 싫은 날, 그저 누워만 있고 싶은 날에도 가만히 스스로에게 귀 기울이다 보면 번쩍 몸을 일으켜 세우게 됩니다.

먼 훗날 아이에게도 스스로의 힘으로 자기 자신을 일으켜 세워야 하는 날이 오게 될 거예요. 그때 떠올릴 수 있는 선택지가 넉넉하다면 저는 더할 나위 없이 행복할 겁니다. 어찌 된 영문인지 가장 달콤해야 할 디저트에서 가장 씁쓸한 이야기를 하고 만 것 같은 기분이 듭니다. 어쩌면 그렇기에 인생에서 달콤한 디저트가 필요한 게 아닐까요.

냉장 3일 보관
냉동 2주 보관

채소 파운드 케이크

재료 • 아이 6회 분량
파운드케이크 틀(22×12cm) 기준
2개 분량

다진 애호박 1컵,
데친 뒤 다진 시금치 ½컵,
다진 당근 ½컵, 소금 ½ts(간을 할 경우)

가루 재료
중력분 1컵, 아몬드 가루 ½컵,
파르메산 치즈 ½컵, 베이킹파우더 1Ts,
베이킹 소다 ½ts

액체 재료
플레인 요거트 ⅔컵, 달걀 3개,
우유 ⅓컵, 아보카도 오일 ⅓컵

만드는 법

① 그릇에 가루 재료를 모두 넣고 섞어 준비합니다.

② 별도의 그릇에 액체 재료를 모두 넣고 골고루 섞이도록 저어주세요.

③ 가루 재료가 담긴 볼에 채소와 액체를 넣고 고루 섞어 반죽을 만듭니다.
간을 할 경우 소금을 ½ts 넣어주세요.

④ 파운드케이크 틀에 버터나 오일을 얇게 바른 뒤 반죽을 ⅔ 정도 채웁니다.

⑤ 175도로 예열한 오븐에 넣고 옅은 갈색이 되도록 40~45분 정도 굽습니다.
젓가락으로 찔러 반죽이 묻어 나오지 않으면 다 익은 거예요.

⑥ 한 김 식힌 뒤 먹기 좋은 크기로 썰어 냅니다. 소분 포장해서 냉동고에
보관해요.

TIP **채소 밑준비**
애호박은 가운데 씨를 제거하고 잘게 다집니다. 당근도 잘게 다져주세요.
시금치는 끓는 물에 데쳐 물기를 제거한 뒤 잘게 다져 사용합니다.

237

에필로그

어쩌면 이 책의 시작에서부터 아껴 두었던 이야기를 꺼내야 할 때가 온 것 같습니다. 나의 어머니, 나의 하나뿐인 엄마를 이야기하지 않고서는 이 책의 시작도 끝도 있을 수 없다는 것이 너무나 자명하기 때문입니다. 팬데믹으로 국경이 폐쇄되고 느지막이 첫아이를 보게 된 딸을 위해, 산후조리를 할 수 있을지 없을지 조차 불확실했던 나날들. 아직 백신도 맞을 수 없었던 그때, 엄마는 그렇게 모든 위험을 무릅쓰고 딸의 산후조리를 위해 뉴욕에 오셨습니다. 비행 내내 행여 자신이 전염병에 걸려 모든 일을 그르칠까 물 한 모금조차 마시지 않고 긴 비행과 불안을 견뎌 내셨습니다. 본인이 아이를 키우던 시절과는 너무 많은 것들이 변했다며 손수 산후조리를 해주고 싶으셨던 엄마는 산전 산후 보육사 자격증까지 미리 준비해두신 터였습니다.

엄마가 산후조리를 해주시는 동안 먹었던 음식들 중에 가장 기억에 남는 것은 다름 아닌 김치입니다. 출산 직후에도 아이스크림 같은 찬 음식이 무심히 나오는 미국의 병원 음식이 못 미더우셨던 엄마는 매일 남편 편에 도시락을 챙겨 보내주셨습니다. 그 도시락에는 미역국과 갖은 반찬, 그리고 얇게 저며 썬 알타리 김치가 담겨 있었습니다. 임신 기간 내내 엄마의 알타리 김치가 무척이나 그리웠습니다. 엄마는 그런 저를 위해 아이를 낳은 딸의 이가 행여라도 상할까 김치를 종잇장처럼 얇게 썰어 찬기에 담아 보내셨습니다. 그 마음을 받아 들고서 긍정하지 않을 삶이란 게 어디에 있을까요. 숨만 쉬어도 입안이 텁텁해지는 그런 날에도 엄마의 음식을 떠올리면, 그 안에 담긴 엄마의 마음을 어루만지다 보면 어디로든 나아갈 힘을 얻을 수 있었습니다.

아이를 낳고 보니 엄마의 이야기가 더욱 궁금해졌습니다. 산후조리를 하는 동안 엄마는 매일 부은 제 발을 어루만져 주셨습니다. 어느 날, 그렇게 가깝고도 멀찍이 떨어져 있는 채로 엄마에게 물었습니다. 엄마는 어떻게 이토록 자식들에게 헌신적일 수 있느냐고. 엄마의 엄마는, 그러니까 제게 있어 외할머니는 엄마가 일곱 살이 되던 해에 돌아가셨습니다. 엄마는 제 질문에 이렇게 답하셨어요. 내게 만약 엄마가 있었더라면 어땠을지 상상해 보곤 했었다고. 이 순간에 엄마가 살아 계셨더라면 이런 말들을 들려주지 않으셨을까, 이렇게 행동하셨을 거야, 라고 상상하곤 했었다고. 엄마는 그렇게 자신에게는 주어지지 않았던 엄마를 상상 속에서 불러 만나셨습니다. 그리고 제게 당신이 그리던 엄마가 되어주셨습니다.

이 책의 뼈대는 한국에서 세워졌습니다. 그리고 대부분의 글들은 뉴욕의 한 도서관에서, 아이가 잠든 새벽녘에 쓰였습니다. 마음 한구석 막연히 바라왔던 일이 현실이 되고 있는 이 순간, 믿음과 격려로 이곳까지 이끌어 주신 편집장님께 더없는 감사의 마음을 전합니다. 모든 글의 어귀에서 제 어린 시절과 만나며 지금의 저보다도 어렸을 부모님의 모습을 여러 번 마주할 수 있어 행복했습니다. 단 한 번의 짜증 섞인 표정이나 부정적인 말투도 내보이지 않으셨던 아빠. 아빠의 한없이 다정하고 한결같은 사랑을 떠올리면 지나간 일쯤은 툭툭 털고 다시금 일어설 용기를 얻게 됩니다. 제게 사랑과 헌신이 무엇인지 알려주신 두 분께 깊은 감사와 존경의 마음을 드립니다. 더불어 이 책에 실린 모든 글들의 첫 독자이자 모든 식탁의 풍경들 속에서 기꺼이 조연이 아닌 주연으로서 역할을 해 준 남편에게, 이 모든 일들이 당신과 함께였기에 가능했다고 전하고 싶습니다. 저는 참 운이 좋았다고 말입니다.

얼마 전 주말여행으로 교외에 나간 적이 있습니다. 차를 타고 천천히 가고 있는데 우연히 사슴 가족을 맞닥뜨렸습니다. 우리는 가던 길을 멈추고 차를 세웠습니다. 아이에게는 세상 모든 것이 다 처음이니까요. 사슴을 실제로 처음 본 아이는 사슴이 귀를 쫑긋거리며 긴 다리로 사뿐사뿐 걸어가는 모습을 한참이나 바라보았습니다. 아침 산책길에서는 그림책으로만 봐왔던 개구리가 폴짝거리며 뛰어가는 모습을 눈에 담았습니다. 그 뒤로 아이는 그 어느 때보다도 생생하게 개구리 흉내를 낼 수 있게 되었습니다. 도시에 살고 있는 우리 가족이 사슴 가족을 마주치는 경우가 과연 얼마나 될까요. 그 작지만 흔치 않은 우연 속에서 우리는 기억에 남을 장면 하나를 갖게 되었습니다.

순간을 잡아, 그 고유한 시간을 길게 늘어트리는 것. 아이와 함께 산다는 것은 무심히 흘러가 버리고 마는 어떤 시간들을 잠시 멈춰 세우는 일 같습니다. 그 신기루 같은 순간들 속에서 무언가를 골똘히 응시하고 있는 아이의 눈빛과 개구진 미소를 바라볼 때면 인생에서 이보다 더 중요한 일은 없다는 듯 세상이 이내 고요해집니다. 그러니 아이는 제게 참으로 귀한 손님이 아닐 수 없습니다.

내가 알던 세상을, 세계를 늘 새롭게 일깨워주는 Y야. 너로 인해 그 어느 때보다 내가 약한 존재임을 깨닫지만, 그렇기에 그 어느 때보다도 강해지고 싶다고 매일 생각한다. 네가 마주하고 있는 이 세상이 되도록 따뜻한 풍경이기를, 너의 면면에 닿기를. 스스로를 지키고 돌볼 수 있는 사람이 될 수 있도록 너를 귀히 여길 것을 약속한다. 사랑한다. 나의, 우리의, 모두의 Y.

2023년 가을
강빛나

Dear.

_____

Photo

20　　　　.　　　　.

_____

From.

_____

Enfant Dining Diary

Enfant Dining Diary

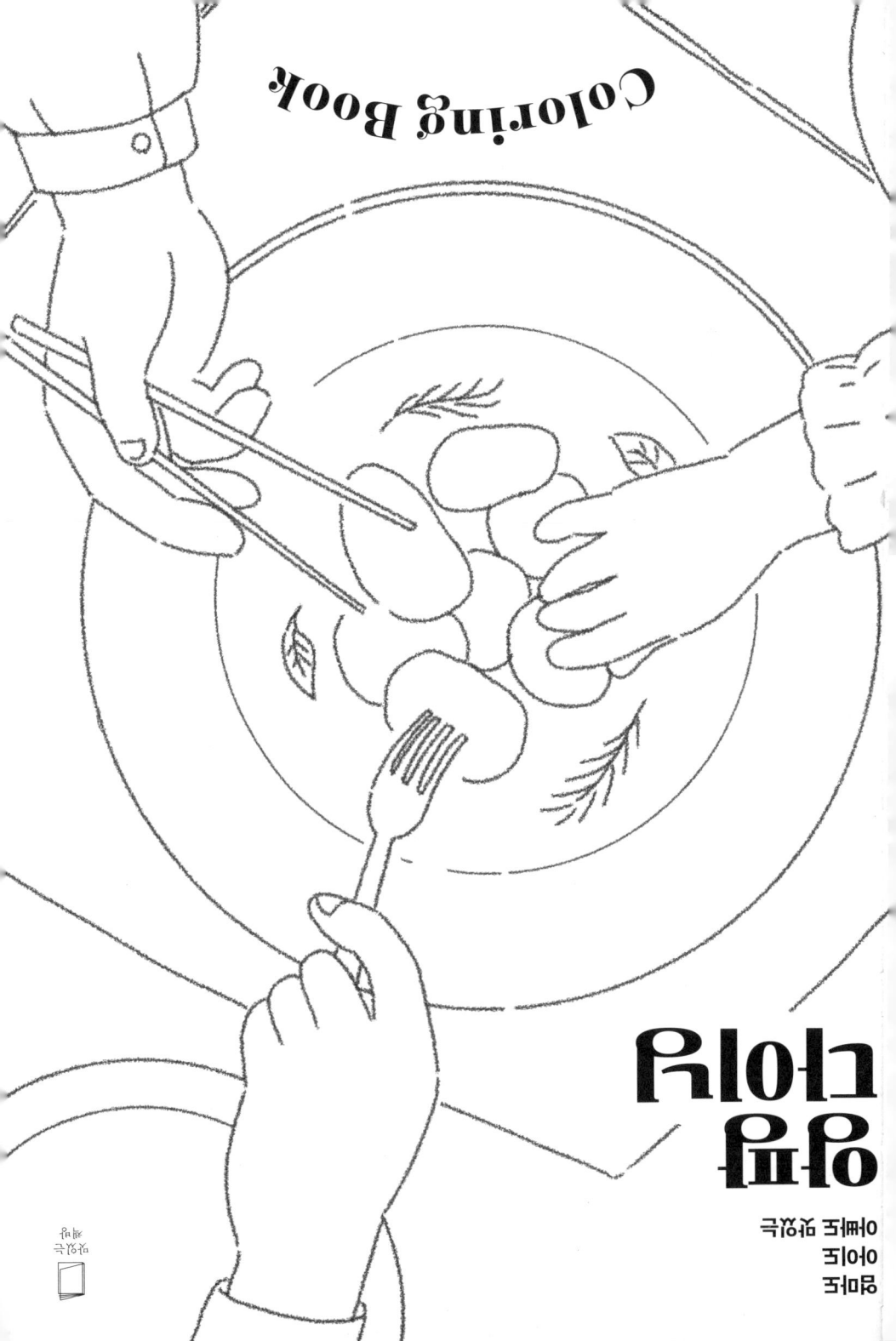

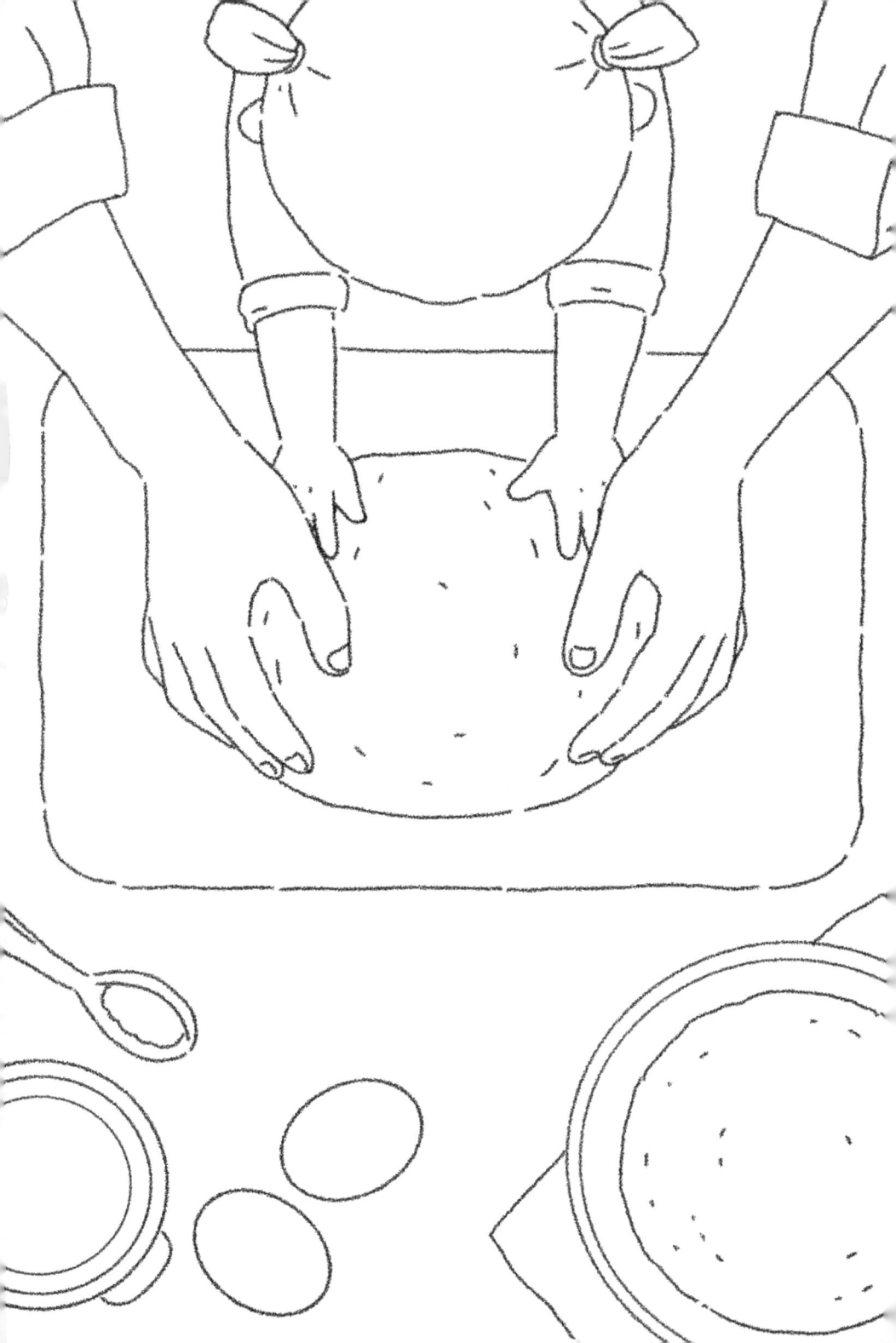

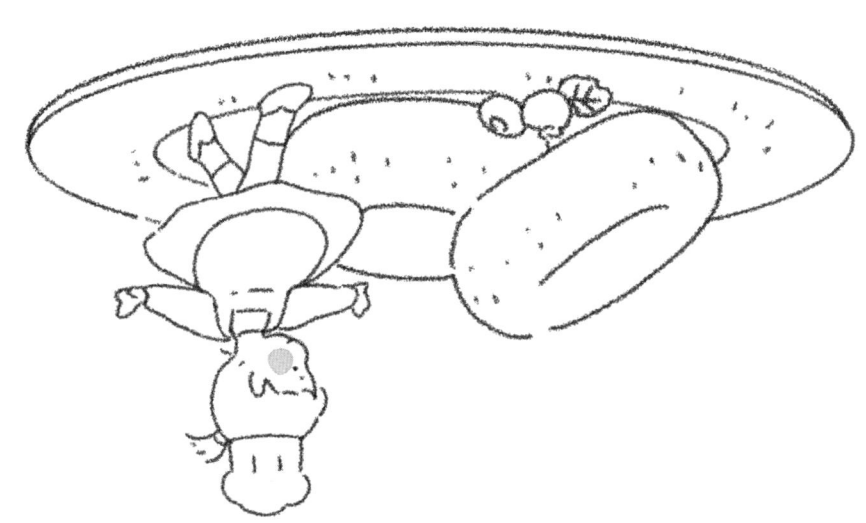